Der Unfall
und andere Fälle

Sammler-Edition

AGATHA CHRISTIE

Der Unfall
und andere Fälle

Scherz

Einmalige Ausgabe 1997
Einzig berechtigte Übertragung aus dem Englischen
von Maria Meinert und Renate Weigl
Titel der Originale: »Accident«, »The Dream«, »Philomel Cottage«,
»The Mystery of the Spanish Chest«, »The Mystery of the blue Jar«,
»Wasp's Nest« und »Greenshaw's Folly«
Copyright: Accident © 1929, The Dream © 1937, Philomel Cottage
© 1924, The Mystery of the Spanish Chest © 1931, The Mystery of the
blue Jar © 1924, Wasp's Nest © 1928, alle Agatha Christie.
Greenshaw's Folly © 1956 Agatha Christie Limited
Alle deutschsprachigen Rechte
beim Scherz Verlag, Bern, München, Wien.

Der Unfall

»... und ich sage Ihnen, es ist dieselbe Frau! Gar kein Zweifel.«
Kapitän Haydock blickte in das lebhaft interessierte Gesicht seines Freundes und seufzte. Er wünschte, Evans wäre mit seinem Urteil nicht immer so schnell bei der Hand. Während seiner vielen Jahre auf See hatte der alte Kapitän gelernt, die Dinge, die ihn nichts angingen, ruhen zu lassen.
Sein Freund Evans, ehemaliger Kriminalinspektor, hatte eine andere Philosophie. »Nach erhaltenen Informationen handeln«, das war sein Motto in früheren Tagen gewesen. Und er hatte es jetzt derart ausgeweitet, daß er sich die Informationen stets selbst beschaffte. Evans war ein tüchtiger Beamter gewesen und auch dementsprechend befördert worden. Sogar jetzt, da er pensioniert war und sich in einem Landhaus zur Ruhe gesetzt hatte, war er der alte geblieben.
»Ich vergesse nicht leicht ein Gesicht«, wiederholte er immer wieder selbstzufrieden. »Mrs. Anthony, ja, es ist ganz sicher Mrs. Anthony. Als Sie sagten, Mrs. Merrowdene, erkannte ich sie sofort.«
Kapitän Haydock rutschte unbehaglich in seinem Sessel hin und her. Die Merrowdenes waren, von Evans abgesehen, seine nächsten Nachbarn, und die Identifizierung von Mrs. Merrowdene als Hauptperson eines früheren Sensationsprozesses war ihm unangenehm.
»Es ist schon lange her«, sagte er gedehnt.
»Neun Jahre«, entgegnete Evans, akkurat wie immer, »neun Jahre und drei Monate. Erinnern Sie sich an den Fall?«
»Ziemlich ungenau.«
»Es stellte sich heraus, daß Mr. Anthony öfters kleinere Mengen Arsen zu sich genommen hatte«, erinnerte ihn Evans. »Deshalb wurde sie freigesprochen.«
»Warum hätte man das auch nicht tun sollen?«
»Es war das einzige Urteil, das man auf Grund des Beweismaterials fällen konnte. Durchaus korrekt.«
»Dann ist es ja in Ordnung«, entgegnete Haydock. »Und ich sehe

nicht ein, weshalb wir uns noch damit herumquälen müssen.«
»Wer quält sich denn?«
»Ich dachte, Sie.«
»Aber keine Spur«, meinte Evans heiter.
»Die Geschichte ist vorbei und zu Ende«, faßte Haydock zusammen. »Wenn Mrs. Merrowdene in ihrem Leben einmal das Unglück hatte, wegen Mordes vor Gericht gestellt und freigesprochen zu werden –«
»Normalerweise betrachtet man es nicht als Unglück, wenn man freigesprochen wird«, unterbrach ihn Evans.
»Sie verstehen schon, wie ich es meine«, entgegnete Haydock unwillig. »Wenn die arme Frau eine so schreckliche Geschichte durchstehen mußte, kommt es uns nicht zu, die ganze Sache wiederaufleben zu lassen, nicht wahr?«
Evans schwieg.
»Aber Evans, die Frau war unschuldig. Sie haben es eben selbst gesagt.«
»Ich sagte nicht, sie war unschuldig, sondern, sie wurde freigesprochen.«
»Das ist doch dasselbe.«
»Nicht immer.«
Haydock hatte gerade begonnen, seine Pfeife in einem Aschenbecher auszuklopfen. Er unterbrach seine Tätigkeit und setzte sich mit einem Ruck auf.
»Hallo«, rief er. »Also daher weht der Wind. Sie glauben, daß sie nicht unschuldig war?«
»Das möchte ich nicht sagen. Ich... nun, ich weiß es nicht. Anthony hatte die Angewohnheit, regelmäßig in kleinen Mengen Arsen zu nehmen. Seine Frau besorgte es für ihn. Eines Tages, durch ein Versehen, nahm er zuviel. War es sein Fehler oder der seiner Frau? Niemand konnte es sagen, und die Geschworenen entschieden zu ihren Gunsten. Das ist völlig richtig, und ich sehe keinen Fehler darin. Trotz alledem – ich würde es gern genau wissen.«
Kapitän Haydock beschäftigte sich wieder mit seiner Pfeife.
»Nun«, meinte er behaglich, »das geht uns nichts an.«
»Da bin ich mir nicht so sicher.«
»Aber gewiß –«
»Hören Sie mir einen Augenblick zu«, bat Evans. »Sie erinnern sich, wie Mr. Merrowdene neulich abends in seinem Laboratorium herumexperimentierte –«

»Ja. Er erwähnte den Marsh'schen Test für Arsen. Er sagte, *Sie* wüßten alles darüber, das läge auf *Ihrer* Linie – und er kicherte dabei. Er würde das nicht gesagt haben, wenn er auch nur einen Augenblick vermutet hätte –« Evans unterbrach ihn.
»Sie meinen, er hätte es nicht gesagt, wenn er etwas *wüßte*. Wie lange sind doch die beiden jetzt verheiratet? Sechs Jahre? Ich gehe jede Wette ein, daß er keine Ahnung hat, daß seine Frau einst die berüchtigte Mrs. Anthony war.«
»Und er wird es von mir gewiß nicht erfahren«, sagte Haydock mit Nachdruck.
Evans kümmerte sich nicht darum, sondern fuhr fort:
»Sie haben mich gerade unterbrochen. Im Anschluß an den Marsh'schen Test erhitzte Merrowdene eine Substanz in einem Reagenzglas, den metallischen Rückstand löste er in Wasser und präzipitierte ihn durch Beifügung von Silbernitrat. Das war eine Probe auf Chlorate. Ein kleiner, bescheidener, hübscher Test. Aber ich konnte zufällig die Worte in einem Buch lesen, das offen auf dem Tisch lag: ›H_2SO_4 zersetzt Chlorate durch Entwicklung von Cl_4O_2. Erhitzt man es, entstehen starke Explosionen. Die Mixtur sollte daher kühl gehalten und nur in kleinsten Mengen verwendet werden.‹«
Haydock starrte seinen Freund verständnislos an.
»Ja, und?«
»Nichts weiter. In meinem Beruf macht man auch Tests. Man zählt die Tatsachen zusammen, wägt sie ab, zerlegt den Rest, nachdem man Voreingenommenheit und durchschnittliche Ungenauigkeit von Zeugen berücksichtigt hat. Aber es gibt noch einen anderen Test, einen Mord nachzuweisen, einen, der ziemlich genau ist, aber auch ziemlich gefährlich. Ein Mörder gibt sich selten mit einem Verbrechen zufrieden. Läßt man ihm Zeit, und fühlt er sich unbeobachtet, wird er einen neuen verüben. Wie zum Beispiel bei einem Mann, den man des Mordes an seiner Frau verdächtigt. Vielleicht sähe der Fall gar nicht so schwarz für ihn aus. Dann schaut man sich seine Vergangenheit an. Findet man heraus, daß er schon öfter verheiratet war und daß alle seine Frauen starben, dann sagt man sich, recht eigenartig, nicht wahr? Dann *weiß* man es. Nicht juristisch, verstehen Sie? Ich spreche von einer inneren Gewißheit. Wenn man die hat, kann man anfangen, nach Beweisen zu suchen.«
»Und?«
»Ich komme schon zu dem entscheidenden Punkt. Es geht in

dieser Form natürlich nur, wenn es eine Vergangenheit gibt, in der man wühlen kann. Aber angenommen, Sie fangen Ihren Mörder bei seinem ersten Verbrechen? Dann wäre dieser Test sinnlos. Der Verdächtige wird freigesprochen. Er fängt das Leben unter einem anderen Namen neu an. Wird der Mörder das Verbrechen wiederholen, ja oder nein?«
»Das ist eine schreckliche Idee!«
»Sagen Sie immer noch, es ginge uns nichts an?«
»Jawohl, das sage ich. Sie haben keinen Grund, Mrs Merrowdene zu verdächtigen.«
Der Ex-Inspektor schwieg einen Moment. Dann sagte er:
»Ich erzählte Ihnen, daß wir uns mit ihrer Vergangenheit beschäftigten und nichts fanden. Das ist nicht ganz richtig. Sie hatte einen Stiefvater. Als Mädchen von achtzehn Jahren liebte sie einen jungen Mann, mit dem der Stiefvater nicht einverstanden war. Eines Tages ging sie mit ihrem Stiefvater an einem recht gefährlichen Teil der Klippen spazieren. Da passierte ein Unfall. Der Stiefvater ging zu nahe an den Rand, der bröckelte ab, und er fiel hinunter und war tot.«
»Sie glauben doch nicht etwa...«
»Es war ein *Unfall*! Anthonys Überdosis von Arsen war auch ein Unfall. Sie wäre nie vor Gericht gestellt worden, wenn damals nicht durchgesickert wäre, daß da noch ein anderer Mann existierte – er machte sich aus dem Staub, nebenbei bemerkt. Es sah aus, als sei er nicht so ganz überzeugt, selbst wenn die Geschworenen es sein sollten. Ich sage Ihnen, Haydock, was diese Frau betrifft, befürchte ich einen neuen – Unfall!«
»Es sind neun Jahre seit dieser Affäre vergangen. Weshalb sollte es jetzt einen neuen Unfall geben, wie Sie es nennen?«
»Ich habe nicht gesagt, jetzt. Ich sagte, irgendwann. Wenn das erforderliche Motiv auftaucht.«
»Ich kann mir nicht vorstellen, wie Sie das verhindern wollen«, sagte Haydock.
»Ich auch nicht«, entgegnete Evans kleinlaut.
»Meiner Meinung nach sollte man die Sache auf sich beruhen lassen. Es ist noch nie etwas dabei herausgekommen, in anderer Leute Angelegenheiten herumzustochern«, brummte der Kapitän.
Dieser Rat war nicht nach dem Geschmack des Inspektors. Er war ein Mann der Geduld, aber auch des Entschlusses. Er verabschiedete sich von seinem Freund und begab sich hinunter ins Dorf. In

Gedanken erwog er die Möglichkeiten, wie ein eventuelles Verbrechen verhindert werden könnte.
Bei der Post wollte er einige Briefmarken kaufen, und dort stieß er ausgerechnet mit George Merrowdene zusammen. Der ehemalige Chemieprofessor war ein kleiner verträumt aussehender Mann, höflich und gütig in seiner Art, aber mit seinen Gedanken gewöhnlich woanders. Er erkannte Evans und begrüßte ihn freundlich. Dann bückte er sich, um die Briefe aufzusammeln, die durch den Zusammenstoß zu Boden gefallen waren. Evans war ihm behilflich und schielte dabei auf die Briefe. Die Adresse auf einem Umschlag verstärkte seinen Verdacht sofort. Er trug den Namen einer bekannten Versicherungsgesellschaft. Sofort stand sein Entschluß fest.
Der arglose Merrowdene merkte kaum, wie es kam, daß er nun zusammen mit dem Inspektor durch das Dorf ging, und noch weniger hätte er sagen können, weshalb er plötzlich von seiner Lebensversicherung sprach. Evans hatte keine Mühe, ihn für sich zu gewinnen. Merrowdene gab bereitwilligst Auskunft, daß er gerade sein Leben zugunsten seiner Frau versichert habe, und fragte nach Evans' Meinung über die Versicherungsgesellschaft, mit der er abgeschlossen hatte.
»Ich habe schon manch eine unüberlegte Investition gemacht«, erklärte er, »mit dem Resultat, daß mein Vermögen zusammengeschrumpft ist. Sollte nur etwas passieren, wäre meine Frau schlecht versorgt. Die Versicherung soll das verhindern.«
»Hat sie gegen diese Idee keinen Einspruch erhoben?« erkundigte sich Evans beiläufig »Manche Frauen tun das, wissen Sie. Sie meinen, es brächte Unglück oder so etwas.«
»Ach, Margaret ist sehr praktisch«, entgegnete Merrowdene lächelnd. »Überhaupt nicht abergläubisch. Ich glaube, es war sogar ursprünglich ihre eigene Idee. Sie wollte nicht, daß ich mir Sorgen mache.«
Evans hatte die Information, die er wollte. Er verließ den Professor kurz darauf. Sein Gesicht spiegelte grimmige Entschlossenheit wider. Der verstorbene Mr. Anthony hatte auch eine Lebensversicherung zugunsten seiner Frau abgeschlossen – gerade ein paar Wochen vor seinem Tod.
Für Evans gab es keinen Zweifel mehr Aber was er unternehmen konnte, stand auf einem anderen Blatt. Er wollte keinen auf frischer Tat ertappten Verbrecher verhaften, sondern ein Verbrechen verhindern. Und das war etwas ganz anderes und viel

schwieriger.
Den ganzen Tag über war er sehr nachdenklich. Am Nachmittag gab der Primelzüchterverein ein Fest auf dem Besitz des örtlichen Gutsherrn, und Evans ging hin. Er spielte beim *Penny dip*, einer Art Lotterie, mit und warf mit Bällen nach leeren Blechdosen. In Gedanken aber war er ständig bei seinem Problem. Er ließ sich sogar von Sarah, der Wahrsagerin, für eine halbe Krone die Zukunft deuten und mußte über sich selbst lächeln, als er sich erinnerte, wie er während seiner Amtszeit gegen diese Wahrsager vorgegangen war.
Er war nicht so richtig bei der Sache, bis das Ende eines Satzes seine Aufmerksamkeit erregte.
»... und Sie werden in Kürze, in allernächster Kürze in einer Sache stecken, bei der es um Tod oder Leben geht... Leben oder Tod eines Menschen.«
»Ha? Wie war das?« fragte er.
»Einen Beschluß. Sie werden einen Beschluß zu fassen haben. Sie müssen sehr vorsichtig sein, sehr, sehr vorsichtig. Wenn Sie einen Fehler machen, den kleinsten Fehler auch nur...«
Die Wahrsagerin erschauderte. Inspektor Evans wußte, daß das alles Unsinn war, trotzdem war er beeindruckt.
»Ich warne Sie. Sie dürfen keinen Fehler machen. Wenn Sie es doch tun, sehe ich die Folgen ganz klar – den Tod.«
Komisch, verflixt komisch. Tod. Daß ihre Phantasie sie darauf gebracht hatte!
»Wenn ich einen Fehler mache, wird das einen Todesfall zur Folge haben? Ist es so?«
»Ja.«
»Aus diesem Grunde«, meinte Evans trocken und reichte ihr das Geldstück hinüber, »darf ich also keinen Fehler machen, was?«
Er sprach zwar unbekümmert, war aber auch fest entschlossen, aufzupassen. Leichter gesagt als getan! Er durfte keinen Schnitzer machen. Ein Leben, ein kostbares menschliches Leben hing davon ab. Und niemand war da, der ihm helfen konnte.
Er blickte hinüber zu seinem Freund Haydock, der in einiger Entfernung stand. Von ihm konnte er keine Hilfe erwarten. »Laß die Dinge auf sich beruhen«, war Haydocks Devise.
Haydock unterhielt sich mit einer Frau. Sie verabschiedete sich jetzt von ihm und kam auf Evans zu. Der Inspektor erkannte sie. Es war Mrs. Merrowdene. Impulsiv stellte er sich ihr genau in den Weg.

Mrs. Merrowdene war eine sehr gut aussehende Frau. Sie hatte eine breite, gerade Stirn und einen sanften Gesichtsausdruck. Mit ihren wunderschönen braunen Augen glich sie einer italienischen Madonna, und das unterstrich sie noch dadurch, daß sie ihr Haar in der Mitte gescheitelt trug. Ihre Stimme war warm und dunkel.
Sie lächelte Evans zu.
»Ich dachte mir doch, daß Sie es waren, Mrs. Anthony – ich meine, Mrs. Merrowdene«, sagte er hintergründig.
Diesen Fehler hatte er absichtlich gemacht, und er beobachtete sie dabei, ohne es sich anmerken zu lassen. Er sah, wie sich ihre Augen weiteten und wie sie kurz den Atem anhielt. Aber sie zuckte mit keiner Wimper. Sie betrachtete ihn würdevoll.
»Ich suche meinen Mann«, sagte sie ruhig. »Haben Sie ihn irgendwo gesehen?«
»Er war dort drüben, als ich ihn zuletzt sah.«
Sie gingen Seite an Seite in der bezeichneten Richtung und plauderten. Der Inspektor fühlte, wie seine Bewunderung wuchs. Welch eine Frau! Diese Selbstbeherrschung! Dieses wunderbare Gleichgewicht! Ein bemerkenswerter Mensch – und sehr gefährlich.
Er fühlte sich unbehaglich, obgleich er mit seinem ersten Schritt zufrieden war. Er hatte sie wissen lassen, daß er sie erkannt hatte. Sie würde auf der Hut sein und es nicht wagen, irgend etwas Übereiltes zu tun. Blieb noch Merrowdene. Wenn man ihn nur warnen könnte!
Sie fanden den kleinen Mann, wie er abwesend eine Porzellanpuppe betrachtete, die er gewonnen hatte. Seine Frau schlug vor, nach Hause zu gehen, und er stimmte freudig zu. Mrs. Merrowdene wandte sich an den Inspektor.
»Wollen Sie nicht mitkommen und eine Tasse Tee bei uns trinken, Mr. Evans?«
Lag da nicht ein leichter Ton von Herausforderung in ihrer Stimme? Er meinte, ihn bemerkt zu haben.
»Vielen Dank, Mrs. Merrowdene. Gern.«
Auf dem Weg unterhielten sie sich über alltägliche Dinge. Die Sonne schien, und ein leichter Wind wehte. Die Welt schien ruhig und friedlich.
Ihr Hausmädchen sei auch bei dem Fest, erklärte Mrs. Merrowdene, als sie in dem hübschen Landhaus ankamen. Sie ging in ihr Zimmer, um ihren Hut abzusetzen. Dann kam sie zurück und

begann den Tee bereitzustellen. Auf einem kleinen silbernen Kocher brachte sie Wasser zum Sieden. Aus einem Fach neben dem Kamin nahm sie drei hauchdünne Schalen und Untertassen.
»Wir haben einen ganz speziellen chinesischen Tee«, sagte sie. »Und wir trinken ihn immer auf chinesische Weise, aus Schalen, nicht aus Tassen.«
Sie brach ab, blickte in eine der Schalen und tauschte sie mit einem Ausdruck von Verärgerung gegen eine andere aus.
»George, das ist nicht nett von dir. Du hast schon wieder eine dieser Schalen benutzt«, schalt sie ihren Mann.
»Es tut mir leid, Liebes«, antwortete der Professor entschuldigend. »Sie haben eine so brauchbare Größe. Die anderen, die ich bestellt habe, sind noch nicht angekommen.«
»Eines schönen Tages wirst du uns alle vergiften«, meinte seine Frau mit einem halben Lachen. »Mary findet sie im Labor und bringt sie mit herauf. Wenn nicht etwas sehr Auffälliges darin ist, macht sie sich nicht die Mühe, sie abzuwaschen. Neulich hast du sogar eine davon für Zyankali benutzt. Wirklich, George, es ist höchst gefährlich.«
Merrowdene schien etwas ärgerlich.
»Mary hat überhaupt nichts aus meinem Labor wegzunehmen. Sie darf dort nichts anfassen.«
»Aber wir lassen oft unsere Tassen nach dem Tee dort stehen. Woher soll sie das wissen? Sei doch vernünftig. Lieber.«
Der Professor ging in sein Laboratorium und murmelte vor sich hin. Lächelnd goß Mrs. Merrowdene kochendes Wasser über den Tee und blies die Flamme auf dem silbernen Kocher aus.
Evans war überrascht. Aus irgendeinem Grunde ließ sich Mrs. Merrowdene in die Karten blicken. Sollte das der »Unfall« werden? Sprach sie bewußt von all dem, um sich von vornherein ein Alibi zu verschaffen? Er wäre gezwungen, zu ihren Gunsten auszusagen, wenn der »Unfall« eines Tages passierte. Wie dumm von ihr, denn bevor...
Plötzlich hielt er den Atem an. Sie hatte den Tee in drei Schalen gegossen. Eine setzte sie vor sich hin, eine vor ihn und die dritte auf einen kleinen Tisch beim Feuer, in der Nähe des Sessels, in dem gewöhnlich ihr Mann saß. Als sie diese letzte Schale auf den Tisch stellte, verzog ein eigenartiges Lächeln ihren Mund.
Dieses Lächeln gab den Ausschlag.
Eine bemerkenswerte Frau – eine gefährliche Frau. Kein Warten,

keine Vorbereitungen. Heute nachmittag, genau heute nachmittag – mit ihm hier als Zeugen. Diese Kühnheit verschlug ihm den Atem. Es war raffiniert, verdammt raffiniert. Er würde ihr nichts beweisen können. Sie baute darauf, daß er nichts ahnte – einfach weil es noch so früh war. Eine Frau, die blitzschnell dachte und handelte.
Er holte tief Luft und beugte sich vor.
»Mrs. Merrowdene, ich bin ein Mann mit sonderbaren Einfällen. Würden Sie so liebenswürdig sein und bei einem davon mitmachen?«
Sie blickte ihn fragend an.
Er stand auf, nahm die Schale, die vor ihr stand, und ging hinüber zu dem kleinen Tisch, wo er sie gegen die andere vertauschte. Diese brachte er zurück und stellte sie vor sie hin.
»Ich möchte sehen, wie Sie das trinken!«
Ihre Blicke trafen sich. Sie sah ihn fest und unergründlich an. Langsam wich die Farbe aus ihrem Gesicht.
Sie streckte die Hand aus und hob die Schale hoch. Er hielt den Atem an. Angenommen, er hatte sich von Anfang an geirrt?
Sie führte die Schale an die Lippen. Im letzten Moment lehnte sie sich vor und goß den Inhalt in einen Blumentopf. Dann richtete sie sich auf und sah ihn herausfordernd an.
Er stieß einen langen Seufzer der Erleichterung aus und setzte sich wieder hin.
»Nun?« fragte sie. Ihre Stimme klang verändert. Sie war leicht spöttisch und herausfordernd.
Er antwortete bedächtig. »Sie sind eine sehr kluge Frau, Mrs. Merrowdene. Ich glaube, Sie verstehen mich. Es darf kein zweites Mal geben. Wissen Sie, was ich meine?«
»Ja, ich weiß«, sagte sie.
Er nickte zufrieden mit dem Kopf. Sie war sehr vorsichtig. Sie wollte nicht gehängt werden.
»Auf Ihr langes Leben und das Ihres Gatten«, sagte er bedeutungsvoll und hob die Schale mit dem Tee an die Lippen.
Dann veränderte sich sein Gesicht. Es verzog sich grauenvoll... er mußte aufstehen... hinausschreien. Sein Körper wurde steif, sein Gesicht lief rot an. Er fiel hin, stürzte über den Stuhl. Seine Glieder verkrampften sich.
Mrs. Merrowdene lehnte sich vor und beobachtete ihn. Ein leichtes Lächeln umspielte ihre Lippen. Sie sprach zu ihm, ganz sanft und liebenswürdig.

»Sie haben einen Fehler gemacht, Mr. Evans. Sie glaubten, ich wollte George töten... Wie dumm von Ihnen, wie furchtbar dumm.«
Sie saß noch eine Minute lang da und blickte auf den toten Mann – den dritten, der gedroht hatte, ihren Weg zu kreuzen und sie von dem Mann zu trennen, den sie liebte.
Ihr Lächeln vertiefte sich. Mehr denn je glich sie einer Madonna. Dann hob sie ihre Stimme und rief:
»George! George! ... Oh, bitte, komm her. Ich fürchte, ein schrecklicher Unfall ist passiert! Armer Mr. Evans!«

Der Traum

Ruhig und abschätzend ließ Hercule Poirot seinen Blick über das Haus und dessen Umgebung schweifen: die Läden, das große Fabrikgebäude zur Rechten, die billigen Etagenhäuser gegenüber.
Dann faßte er noch einmal Northway House ins Auge, dieses Relikt einer früheren Zeit – einer Zeit, die viel Muße und keinen Platzmangel gekannt hatte, als dieses vornehme, arrogant wirkende Haus noch inmitten grüner Felder lag. Jetzt war es ein Anachronismus, vom hektischen Strom des modernen London umflutet und vergessen, und kaum ein Mensch hätte sagen können, wo es stand oder gar, wem es gehörte, obwohl der Eigentümer als einer der reichsten Männer der Welt bekannt war. Aber Geld kann Publizität nicht nur fördern, sondern auch unterdrücken. Benedict Farley, dieser exzentrische Millionär, zog es vor, die Wahl seiner Residenz nicht an die große Glocke zu hängen. Er selbst ließ sich selten in der Öffentlichkeit sehen. Von Zeit zu Zeit erschien er bei Vorstandssitzungen oder Konferenzen, wo er mit seiner hageren Figur, seiner Hakennase und seiner krächzenden Stimme die versammelten Direktoren mit Leichtigkeit beherrschte. Abgesehen davon, war er eine wohlbekannte Persönlichkeit. Man hörte von seiner seltsamen Knauserigkeit und seiner unglaublichen Großmut und auch von seltsamen Eigenheiten – von seinem berühmten Flickenschlafrock, der jetzt achtundzwanzig Jahre alt sein sollte, seiner unveränderlichen Diät von Kohlsuppe und Kaviar, seiner Abscheu vor Katzen. Alles dieses war dem Publikum bekannt.
Hercule Poirot war es ebenfalls zu Ohren gekommen. Aber das war auch alles, was er von dem Mann wußte, dem er gerade einen Besuch abstatten wollte. Der Brief, der in seiner Manteltasche steckte, verriet ihm nicht viel mehr.
Nachdem er dieses melancholische Wahrzeichen eines vergangenen Zeitalters eine Weile schweigend gemustert hatte, stieg er die Stufen zur Haustür empor und drückte auf die Klingel, wobei er einen Blick auf die elegante Armbanduhr warf, die endlich seine

alte geliebte »Kartoffel« aus früheren Tagen ersetzt hatte. Ja, es war genau halb zehn. Wie immer, war Poirot auf die Minute pünktlich.
Die Tür öffnete sich genau nach der angemessenen Zeitspanne, und ein vollkommenes Exemplar des Genus »Butler« hob sich von der erleuchteten Halle ab.
»Mr. Benedict Farley?« fragte Hercule Poirot.
Der unpersönliche Blick musterte ihn von Kopf bis Fuß, nicht verletzend, aber gründlich.
»Werden Sie erwartet, Sir?« erkundigte sich die glatte Stimme.
»Ja.«
»Wie lautet Ihr Name. Sir?«
»Monsieur Hercule Poirot.«
Mit einer Verbeugung trat der Butler zur Seite, und Hercule Poirot betrat das Haus. Der Butler schloß die Tür hinter ihm.
Aber es war noch eine weitere Formalität zu erledigen, ehe die geschickten Hände dem Besucher Stock und Hut abnahmen.
»Sie werden verzeihen, Sir. Aber ich sollte mir einen Brief zeigen lassen.«
Bedächtig nahm Poirot den gefalteten Brief aus seiner Tasche und reichte ihn dem Butler. Dieser warf einen flüchtigen Blick darauf und gab ihn mit einer Verbeugung zurück. Hercule Poirot steckte ihn wieder ein. Der Inhalt lautete knapp:

Northway House, W. 8

Sehr geehrter Mr. Poirot,
Mr. Benedict Farley möchte gern Ihren Rat in Anspruch nehmen. Wenn es Ihnen paßt, würde er es begrüßen, wenn Sie morgen, Donnerstag, um 21.30 Uhr bei ihm an der obengenannten Adresse vorsprechen würden.

Hochachtungsvoll
Hugo Cornworthy
(Sekretär)

P.S. Bringen Sie bitte diesen Brief mit.

Gewandt nahm der Butler Poirot Hut, Stock und Mantel ab und sagte: »Gestatten Sie, daß ich Sie nach oben in Mr. Cornworthys Zimmer bringe.«
Mit diesen Worten stieg er die breite Treppe hinauf, und Poirot folgte ihm, wobei seine Augen voller Wohlgefallen auf solchen

Kunstgegenständen runten, die einen üppigen, überladenen Charakter hatten. Sein eigener Kunstgeschmack war stets etwas zurückhaltender gewesen.

Im ersten Stock klopfte der Butler an eine Tür.

Hercule Poirot zog die Augenbrauen ein wenig in die Höhe. Dies war der erste Mißklang. Denn die besten Butler klopfen nicht an – und dennoch handelte es sich hier zweifellos um einen erstklassigen Butler.

Es war sozusagen der erste Kontakt mit dem exzentrischen Wesen eines Millionärs.

Eine Stimme ertönte aus dem Inneren, und der Butler öffnete die Tür. Gleichzeitig meldete er (und wiederum spürte Poirot ein absichtliches Abweichen vom Althergebrachten):

»Der Herr, den Sie erwarten, Sir.«

Poirot trat ins Zimmer. Es war ein ziemlich großer, einfach und praktisch ausgestatteter Raum, der Ablageschränke, einige Sessel und einen großen imposanten, mit sorgfältig geordneten Papieren bedeckten Schreibtisch enthielt. Die Ecken des Raumes waren in Dämmerlicht gehüllt, denn das einzige Licht kam von einer großen, grünbeschirmten Leselampe, die auf einem kleinen Tisch neben einem der Sessel stand. Sie war so gestellt, daß ihr voller Lichtschein auf jeden fiel, der sich von der Tür her näherte. Hercule Poirot blinzelte ein wenig in dem grellen Licht der mindestens 100-Watt-Birne. Im Sessel saß eine dünne Gestalt in einem Flickenschlafrock – Benedict Farley. Den Kopf hatte er in charakteristischer Haltung vorgestreckt, und die Hakennase ragte hervor wie der Schnabel eines Vogels. Eine weiße Haarmähne erhob sich wie der Kamm eines Kakadus über seiner Stirn. Seine Augen glitzerten hinter dicken Gläsern, als er seinen Besucher mißtrauisch aufs Korn nahm.

»He«, sagte er schließlich, und seine krächzende Stimme klang schrill und barsch. »Sie sind also Hercule Poirot, he?«

»Zu Diensten«, erwiderte Poirot höflich und verbeugte sich.

»Nehmen Sie Platz, nehmen Sie Platz«, sagte der alte Mann gereizt.

Hercule Poirot nahm Platz – im grellen Schein der Lampe.

Aus dem Schatten hinter der Lampe heraus schien der alte Mann ihn aufmerksam zu studieren.

»Wie kann ich wissen, daß Sie Hercule Poirot sind, he?« fragte er verdrießlich. »Sagen Sie mir das mal.«

Abermals zog Poirot den Brief aus der Tasche und reichte ihn

Farley.
»Ja«, gab der Millionär grollend zu. »Stimmt. Das habe ich durch Cornworthy schreiben lassen.« Damit faltete er den Brief zusammen und warf ihn zurück. »Sie sind also der Knabe, ja?«
Mit einer kleinen Geste sagte Poirot:
»Ich versichere Ihnen, es handelt sich um keine Täuschung.«
Benedict Farley kicherte plötzlich.
»Das behauptet der Taschenspieler ebenfalls, ehe er die Karnickel aus dem Hut nimmt. Dieser Ausspruch gehört mit zum Trick.«
Poirot erwiderte nichts darauf. Farley sagte plötzlich:
»Sie halten mich wohl für einen mißtrauischen alten Mann, wie? Das bin ich auch. Traue keinem! Das ist mein Motto. Man kann auch niemandem trauen, wenn man reich ist. Nein, nein, das geht nicht.«
»Sie wünschen mich zu konsultieren«, mahnte Poirot sanft.
»Ganz recht. Kaufe immer das Beste. Das ist mein Motto. Gehe zum Fachmann ohne Rücksicht auf die Kosten. Es ist Ihnen sicher aufgefallen, Monsieur Poirot, daß ich nicht nach Ihrem Honorar gefragt habe. Das werde ich auch nicht tun. Schicken Sie mir später die Rechnung – ich werde schon keine Umstände machen. Diese Idioten in der Molkerei bildeten sich ein, mir zwei neun für Eier berechnen zu können, während der Marktpreis zwei sieben ist – diese Schwindlerbande! Ich lasse mich nicht beschwindeln. Aber mit dem Mann an der Spitze ist es anders. Er ist das Geld wert. Ich stehe selbst an der Spitze. Ich weiß Bescheid.«
Hercule Poirot erwiderte auch hierauf nichts. Er hörte aufmerksam zu, den Körper ein wenig zur Seite geneigt.
Hinter seiner unbeweglichen Fassade verbarg er eine gewisse Enttäuschung. Er konnte nicht genau sagen, worum es eigentlich ging. Soweit hatte sich Benedict Farley charaktergetreu aufgeführt – das heißt, er hatte der volkstümlichen Vorstellung entsprochen, und doch war Poirot enttäuscht.
Dieser Mann, sagte er sich, ist ein Scharlatan, nichts weiter als ein Scharlatan!
Er hatte andere Millionäre gekannt, die auch exzentrisch waren. Aber in beinahe jedem Fall hatte er eine gewisse Kraft gespürt, eine innere Energie, die Achtung gebot. Wenn sie einen Flickenschlafrock getragen hätten, so hätten sie es getan, weil sie einen solchen Schlafrock gern trugen. Doch Benedict Farleys Schlafrock war in erster Linie – so schien es Poirot jedenfalls – ein Bühnenrequisit. Und der Mann selbst war im wesentlichen theatralisch.

Jedes Wort, das er äußerte, war die reinste Effekthascherei; davon war Poirot überzeugt.

Er wiederholte nochmals kühl: »Sie wünschten mich zu konsultieren, Mr. Farley.«

Das Verhalten des Millionärs erfuhr eine plötzliche Änderung. Er beugte sich vor, und seine Stimme sank zu einem heiseren Geflüster herab.

»Ja. Ja. Ich möchte hören, was Sie zu sagen haben, was Sie denken... Geh an die Spitze! Das ist meine Art! Nimm den besten Arzt, den besten Detektiv – die beiden zusammen müssen es schaffen.«

»Noch weiß ich nicht, Monsieur, worum es geht.«

»Natürlich nicht«, fauchte Farley. »Ich habe Ihnen ja noch nichts gesagt.«

Er beugte sich abermals vor und platzte mit einer unvermittelten Frage heraus.

»Was wissen Sie, Monsieur Poirot, von Träumen?«

Poirot war erstaunt. Eine solche Frage hatte er auf keinen Fall erwartet.

»Dafür, Mr. Farley, möchte ich Ihnen Napoleons *Buch der Träume* oder den neuesten Psychologen aus der Harley Street empfehlen.«

Nüchtern erwiderte Farley: »Ich habe es mit beiden versucht.«

Nach einer kleinen Pause fuhr der Millionär fort, zunächst im Flüsterton und dann in einer immer heller werdenden Stimme.

»Es ist der gleiche Traum, Nacht für Nacht. Und ich fürchte mich, ich sage Ihnen, ich fürchte mich. Es ist immer das gleiche. Ich bin nebenan in meinem Zimmer. Ich sitze am Schreibtisch und schreibe. Es ist eine Uhr vorhanden. Mein Blick fällt darauf, und ich sehe die Zeit: genau achtundzwanzig Minuten nach drei. Immer die gleiche Zeit, verstehen Sie. *Und wenn ich die Zeit sehe, Monsieur Poirot, weiß ich, daß ich es tun muß.* Ich will es nicht tun, ich verabscheue es, aber ich muß es tun...«

Seine Stimme war ganz schrill geworden.

Unbeirrt fragte Poirot: »Und was müssen Sie unbedingt tun?«

»Um achtundzwanzig Minuten nach drei«, erwiderte Benedict Farley heiser, »öffne ich die zweite Schublade von oben an der rechten Seite meines Schreibtisches, nehme den Revolver heraus, den ich dort liegen habe, lade ihn und trete ans Fenster. Und dann... und dann...«

»Ja?«

Im Flüsterton sagte Benedict Farley:
»*Dann erschieße ich mich.*«
Schweigen. Nach einer Weile sagte Poirot:
»Und das ist Ihr Traum?«
»Ja.«
»Jede Nacht der gleiche?«
»Ja.«
»Was geschieht, nachdem Sie sich erschossen haben?«
»Ich wache auf.«
Poirot nickte langsam und nachdenklich vor sich hin.
»Haben Sie eigentlich einen Revolver in dieser besonderen Schublade? Es würde mich interessieren.«
»Ja.«
»Warum?«
»Aus alter Gewohnheit. Man muß auf alles vorbereitet sein.«
»Worauf, zum Beispiel?«
Gereizt erwiderte Farley:
»Ein Mann in meiner Stellung muß auf der Hut sein. Alle reichen Leute haben Feinde.«
Poirot verfolgte das Thema nicht weiter. Er schwieg eine Weile und fragte dann:
»Warum haben Sie mich eigentlich kommen lassen?«
»Das will ich Ihnen sagen. Zuerst konsultierte ich einen Arzt – drei Ärzte, genauer gesagt.«
»Und was sagten sie?«
»Der erste setzte mir auseinander, daß es nur eine Diätfrage sei. Es war ein älterer Mann. Der zweite war jung und gehörte der modernen Richtung an. Er versicherte mir, daß der ganzen Geschichte ein gewisses Ereignis meiner Kindheit zugrunde liege, das um diese besondere Zeit – drei Uhr achtundzwanzig – stattfand. Ich sei so fest entschlossen, mich nicht an dieses Ereignis zu erinnern, daß ich es durch meinen Selbstmord symbolisierte. Das ist seine Erklärung.«
»Und der dritte Arzt?« fragte Poirot.
Benedict Farleys Stimme schrillte vor Zorn.
»Er ist ebenfalls ein junger Mann und hat eine geradezu lächerliche Theorie. Er behauptet, daß ich selbst des Lebens überdrüssig sei, daß mein Leben mir so unerträglich erscheine, daß ich es vorsätzlich zu beenden wünschte! Aber da die Anerkennung dieser Tatsache gleichbedeutend sei mit dem Eingeständnis, daß ich im wesentlichen versagt hätte, weigerte ich mich im Wachzu-

stande, der Wahrheit ins Auge zu sehen. Doch wenn ich schliefe, würden alle Hemmungen beseitigt, und ich führte das aus, was ich in Wirklichkeit zu tun wünschte. Ich machte meinem Dasein ein Ende.«
»Dann ist er also der Ansicht, daß Sie, ohne es zu wissen, Selbstmord begehen möchten, nicht wahr?« sagte Poirot.
Benedict Farley erwiderte schrill:
»Und das ist unmöglich – unmöglich! Ich bin durchaus glücklich! Ich habe alles, was ich mir wünsche, alles, was man mit Geld kaufen kann! Es ist phantastisch, einfach unglaublich, so etwas überhaupt anzudeuten!«
Poirot betrachtete sein Gegenüber voller Interesse. Vielleicht sagte ihm etwas in dem ganzen Gebaren – die zitternden Hände, die bebende, schrille Stimme –, daß die Beteuerungen zu heftig und damit an sich schon verdächtig seien. Aber er begnügte sich mit der Bemerkung:
»Und was habe ich mit alledem zu tun, Monsieur?«
Benedict Farley beruhigte sich plötzlich wieder und klopfte nachdrücklich mit dem Finger auf den neben ihm stehenden Tisch.
»Es besteht noch eine andere Möglichkeit. Und wenn etwas dran sein sollte, sind Sie der Mann, der damit fertig werden kann! Sie sind berühmt. Sie haben Hunderte von Fällen bearbeitet – phantastische, unwahrscheinliche Fälle! Sie würden es wissen, wenn es irgend jemand täte.«
»Wovon reden Sie eigentlich?«
Farleys Stimme sank zu leisem Geflüster herab.
»Nehmen wir einmal an, daß jemand mich töten will... Könnte er es auf diese Weise tun? Könnte er bewirken, daß ich Nacht für Nacht diesen Traum habe?«
»Durch Hypnose, meinen Sie?«
»Ja.«
Hercule Poirot überlegte eine Weile.
»Möglich wäre es vielleicht, nehme ich an«, sagte er schließlich. »Aber ein Arzt könnte Ihnen diese Frage besser beantworten.«
»Ist Ihnen ein derartiger Fall noch nicht vorgekommen?«
»Nein, nicht gerade in dieser Form.«
»Sie sehen aber doch, worauf ich hinauswill. Man veranlaßt mich, den gleichen Traum Nacht für Nacht, Nacht für Nacht zu träumen – und dann – eines Tages wird mir diese Suggestion zuviel, und ich setze sie in die Tat um. Ich tue, was ich so oft geträumt habe –

ich töte mich!«
Langsam schüttelte Hercule Poirot den Kopf.
»Sie halten es für unmöglich?« fragte Farley.
»*Unmöglich?*« Poirot schüttelte abermals den Kopf. »Mit diesem Wort habe ich nicht gern zu tun.«
»Aber Sie halten es für unwahrscheinlich?«
»Höchst unwahrscheinlich.«
Benedict Farley murmelte leise: »Der Arzt war derselben Meinung.« Dann hob sich seine Stimme wieder, und er fragte: »Aber warum habe ich diesen Traum? Warum? Warum nur?«
Hercule Poirot schüttelte den Kopf, und Benedict Farley sagte unvermittelt:
»Sind Sie ganz sicher, daß Ihnen so etwas in Ihrer Praxis noch nicht vorgekommen ist?«
»So einen Fall habe ich noch nie gehabt.«
»Das wollte ich gern wissen.«
»Gestatten Sie mir eine Frage?«
»Was ist es? Fragen Sie, was Sie wollen.«
»Wen haben Sie im Verdacht, wenn Sie sagen, daß jemand Sie töten möchte?«
»Niemanden«, lautete die barsche Antwort. »Überhaupt keinen.«
»Aber der Gedanke war Ihnen doch gekommen.«
»Ich wollte nur wissen, ob die Möglichkeit existierte.«
»Nach meinen eigenen Erfahrungen zu urteilen, möchte ich sagen: nein. Sind Sie übrigens schon einmal hypnotisiert worden?«
»Natürlich nicht. Glauben Sie etwa, ich gebe mich zu solchem Unsinn her?«
»Dann kann man wohl sagen, daß Ihre Theorie ganz entschieden unwahrscheinlich ist.«
»Aber der Traum, Sie Tor, der Traum!«
»Der Traum ist sicherlich bemerkenswert«, sagte Poirot nachdenklich. Er schwieg und fuhr dann fort: »Ich möchte gern den Schauplatz dieses Dramas sehen – den Tisch, die Uhr und den Revolver.«
»Aber gewiß. Kommen Sie mit ins Nebenzimmer.«
Während Farley den Schlafrock enger um sich zog, erhob sich der alte Mann halbwegs aus seinem Sessel, ließ sich dann aber wieder zurücksinken, als sei ihm plötzlich etwas eingefallen.
»Nein«, erklärte er. »Es gibt dort nichts zu sehen. Ich habe Ihnen alles eingehend geschildert.«

»Aber ich möchte mich gern selbst überzeugen.«
»Durchaus nicht notwendig«, sagte Farley schroff. »Sie haben mir Ihre Ansicht gesagt. Damit ist der Fall erledigt.«
Poirot zuckte die Achseln. »Wie Sie wünschen.« Er stand auf. »Ich bedaure sehr, Mr. Farley, daß ich Ihnen nicht helfen konnte.«
Benedict Farley starrte unverwandt geradeaus.
»Bin kein Freund von vielem Hokuspokus«, knurrte er. »Ich habe Sie über die Tatsachen unterrichtet, und Sie können nichts damit anfangen. Damit ist die Angelegenheit zu Ende. Sie können mir eine Rechnung über das Konsultationshonorar schicken.«
»Das werde ich nicht versäumen«, erwidert der Detektiv trocken und schritt zur Tür.
»Einen Augenblick!« rief der Millionär hinter ihm her. »Der Brief – ich möchte ihn gern haben.«
»Der Brief von Ihrem Sekretär?«
»Ja.«
Poirot machte ein erstauntes Gesicht. Er fuhr mit der Hand in die Tasche, zog einen zusammengefalteten Bogen heraus und reichte ihn dem alten Herrn, der einen prüfenden Blick darauf warf und ihn dann kopfnickend neben sich auf den Tisch legte.
Wiederum ging Hercule Poirot auf die Tür zu. Er war ziemlich verdutzt, seine rastlosen Gedanken kreisten um das, was er soeben gehört hatte. Doch mitten in seine Überlegungen hinein drängte sich ein nagendes Gefühl, daß irgend etwas nicht in Ordnung sei. Und dieses Etwas bezog sich auf ihn selbst – nicht auf Benedict Farley.
Als seine Hand schon auf dem Türgriff lag, klärten sich seine Gedanken. Ihm, Hercule Poirot, war ein Versehen unterlaufen! Er machte noch einmal kehrt.
»Ich bitte Sie tausendmal um Verzeihung! Ganz in Gedanken an Ihr Problem, habe ich eine Dummheit begangen! Dieser Brief, den ich Ihnen gegeben habe – unglücklicherweise habe ich in meine rechte Tasche gegriffen, anstatt in meine linke...«
»Was ist los? Was reden Sie da?«
»Der Brief, den ich Ihnen soeben gegeben habe, enthält eine Entschuldigung meiner Wäscherin wegen der Behandlung meiner Kragen.« Poirot lächelte reumütig und griff in seine linke Tasche. »Dies ist *Ihr* Brief.«
Benedict Farley riß ihn knurrend an sich. »Zum Kuckuck, warum können Sie denn nicht aufpassen?«
Mit einer nochmaligen Entschuldigung nahm Poirot die Mittei-

lung seiner Wäscherin wieder an sich und verließ das Zimmer.
Draußen auf dem Korridor blieb er eine Weile stehen. Es war eigentlich eine kleine Diele. Ihm gegenüber stand eine große alte Eichenbank mit einem langen, schmalen Tisch davor. Auf dem Tisch lagen Zeitschriften. Außerdem waren noch zwei Sessel und ein Blumentisch vorhanden. Dieses Arrangement erinnerte ihn ein wenig an das Wartezimmer eines Zahnarztes.
Unten in der Halle wartete der Butler auf ihn, um ihn zur Tür zu bringen. »Soll ich Ihnen ein Taxi besorgen, Sir?«
»Nein, danke. Es ist ein schöner Abend. Ich gehe zu Fuß.«
Hercule Poirot blieb einen Augenblick auf dem Bürgersteig stehen, wartete, bis die Straße frei war, ehe er sie überquerte.
»Nein«, sagte er mit tief gerunzelter Stirn vor sich hin, »ich verstehe das ganz und gar nicht. Es ist ohne Sinn und Verstand. So bedauerlich dieses Eingeständnis auch ist, aber ich, Hercule Poirot, bin auf dem toten Gleis angelangt.«

Dies war sozusagen der erste Akt des Dramas. Der zweite Akt folgte eine Woche später und begann mit einem Anruf von einem Dr. med. John Stillingfleet.
Mit einem bemerkenswerten Mangel an ärztlicher Etikette sagte dieser:
»Sind Sie's, Poirot, altes Haus? Hier ist Stillingfleet.«
»Ja, mein Freund. Was gibt's denn?«
»Ich spreche von Northway House – Benedict Farleys Wohnsitz.«
»Ja?« Poirots Stimme verriet plötzliches Interesse. »Wie steht's mit Mr. Farley?«
»Farley ist tot. Hat sich heute nachmittag erschossen.«
Nach einer kleinen Pause sagte Poirot: »So, ja...«
»Ich bemerke, daß Sie nicht gerade vor Erstaunen umsinken. Wissen Sie darüber Bescheid?«
»Wie kommen Sie zu der Annahme?«
»Nun, wir haben einen von Farley an Sie gerichteten Brief gefunden, in dem er vor etwa einer Woche eine Zusammenkunft mit Ihnen verabredete.«
»Ach so.«
»Wir haben einen zahmen Polizeiinspektor hier – man muß ja vorsichtig sein, wenn sich einer von diesen Millionären eine Kugel durch den Kopf jagt. Und wir haben uns gefragt, ob Sie wohl etwas Licht in diese Angelegenheit bringen könnten. Wenn

ja, dann kommen Sie doch bitte her.«
»Ich komme sofort.«
Eine Viertelstunde später saß Poirot in der Bibliothek, einem niedrigen, langgestreckten Raum hinten im Erdgeschoß von Northway House. Es waren noch fünf andere Personen anwesend. Inspektor Barnett, Dr. Stillingfleet, Mrs. Farley, die Witwe des Millionärs, Joanna Farley, seine einzige Tochter, und sein Privatsekretär Hugo Cornworthy.
Inspektor Barnett war ein diskreter Mann von militärischer Haltung. Dr. Stillingfleet, dessen berufliches Gebaren sich von seinem Telefonstil gründlich abhob, war ein großer, langgesichtiger Mann von etwa dreißig Jahren. Mrs. Farley war offensichtlich sehr viel jünger als ihr Mann. Sie war eine hübsche, dunkelhaarige Frau. Aber sie hatte einen harten Mund, und ihre schwarzen Augen verrieten nichts von ihren Gefühlen. Joanna Farley hatte blondes Haar und ein sommersprossiges Gesicht. Die gebogene Nase und das vorspringende Kinn hatte sie deutlich von ihrem Vater geerbt. In ihren Augen lagen Intelligenz und Scharfsinn. Hugo Cornworthy war ein gutaussehender, sehr korrekt gekleideter junger Mann, der einen gescheiten und tüchtigen Eindruck machte.
Nach der üblichen Vorstellungs- und Begrüßungszeremonie schilderte Poirot schlicht und klar die Umstände seines Besuches bei Benedict Farley und wiederholte die Geschichte, die dieser ihm erzählt hatte. Er konnte sich dabei nicht über Mangel an Interesse bei seinen Zuhörern beklagen.
»Die seltsamste Geschichte, die ich je gehört habe!« erklärte der Inspektor. »Ein Traum, wie? Haben Sie auch etwas davon gewußt, Mrs. Farley?«
Sie beugte den Kopf.
»Mein Mann hat mit mir darüber gesprochen. Es hat ihn sehr beunruhigt. Ich – ich habe ihm gesagt, daß es sich wohl um eine Stoffwechselstörung handle – seine Diät war nämlich sehr merkwürdig –, und ihm vorgeschlagen, Dr. Stillingfleet zu konsultieren.«
Der junge Mann schüttelte den Kopf.
»Er hat mich aber nicht konsultiert. Aus Monsieur Poirots Worten schließe ich, daß er Harley-Street-Spezialisten zu Rate zog.«
»Über diesen Punkt möchte ich gern Ihre Meinung hören, Dr. Stillingfleet«, sagte Poirot. »Was halten Sie von den Theorien, die diese drei Harley-Street-Spezialisten aufstellten?«

Stillingfleet runzelte die Stirn
»Das läßt sich schwer sagen. Sie müssen berücksichtigen, daß das, was er Ihnen übermittelte, nicht genau das gleiche war, was man ihm gesagt hatte. Es war die Interpretation eines Laien.«
»Sie meinen, er habe sich falsch ausgedrückt?«
»Nicht unbedingt. Ich will nur sagen, daß die Ärzte sich ihm gegenüber bestimmt fachmännisch ausgedrückt haben, und die Bedeutung der Worte gab er wohl ein wenig verzerrt und dann in seiner eigenen Sprache wieder.«
»Dann entsprach also das, was er mir sagte, nicht genau den Äußerungen der Ärzte.«
»So ungefähr. Er hatte eben alles etwas oberflächlich aufgefaßt, wenn Sie mich richtig verstehen.«
Poirot nickte gedankenvoll. »Weiß man eigentlich, wen er konsultierte?« fragte er.
Mrs. Farley schüttelte den Kopf, und Joanna Farley bemerkte: »Keiner von uns hatte die leiseste Ahnung, daß er überhaupt jemanden konsultierte.«
»Hat er mit *Ihnen* über seinen Traum gesprochen?« erkundigte sich Poirot bei der Tochter.
Das Mädchen schüttelte verneinend den Kopf.
»Und Sie, Mr. Cornworthy?«
»Nein, zu mir hat er auch nichts gesagt. Er diktierte mir zwar einen Brief an Sie, aber ich hatte keine Vorstellung, warum er Sie zu sprechen wünschte.«
»Und nun zu den genauen Umständen von Mr. Farleys Tod«, sagte Poirot.
Inspektor Barnett blickte Mrs Farley und Dr. Stillingfleet fragend an und übernahm die Rolle des Sprechers.
»Mr. Farley hatte die Gewohnheit, jeden Nachmittag in seinem eigenen Zimmer im ersten Stock zu arbeiten. Wie ich höre, stand eine Fusion seiner verschiedenen Geschäftsbetriebe bevor...«
Er blickte fragend zu Hugo Cornworthy hinüber, der erläuternd hinzusetzte: »Vereinigte Buslinien.«
»In diesem Zusammenhang«, fuhr Inspektor Barnett fort, »hatte Mr. Farley sich bereit erklärt, zwei Pressemitgliedern ein Interview zu gewähren. Etwas, das er sehr selten tat – nur alle fünf Jahre einmal, wie ich höre. Demgemäß erschienen zwei Reporter – einer von den Associated Newsgroups und einer von den Amalgamated Press-Sheets – um ein Viertel nach drei, wie verabredet. Sie warteten im ersten Stock vor Mr. Farleys Tür –

der übliche Platz für alle, die eine Verabredung mit Mr. Farley hatten. Um zwanzig nach drei erschien ein Bote vom Büro der Vereinigten Buslinien mit wichtigen Papieren. Er wurde in Mr. Farleys Zimmer geführt, wo er ihm die Dokumente aushändigte. Mr. Farley begleitete ihn zur Tür und sprach von dort mit den beiden Pressemitgliedern. Er sagte:
›Es tut mir leid, meine Herren, daß ich Sie warten lassen muß, aber ich habe eine dringende Sache zu erledigen. Ich werde mich nach Möglichkeit beeilen.‹
Die beiden Herren, Mr. Adams und Mr. Stoddart, versicherten Mr. Farley, daß es ihnen nichts ausmache, zu warten. Er ging dann ins Zimmer zurück, schloß die Tür – und wurde lebend nicht wieder gesehen!«
»Fahren Sie bitte fort«, bat Poirot.
»Kurz nach vier Uhr«, berichtete der Inspektor weiter, »kam Mr. Cornworthy aus seinem Zimmer, das neben Mr. Farleys Raum liegt, und sah zu seiner Überraschung, daß die beiden Reporter immer noch warteten. Er brauchte Mr. Farleys Unterschrift für einige Briefe und hielt es auch für angebracht, ihn an diese beiden Herren zu erinnern. Also ging er in Mr. Farleys Raum. Zu seinem Erstaunen konnte er Mr. Farley zunächst gar nicht sehen und nahm schon an, der Raum sei leer. Dann fiel sein Blick auf einen Schuh, der hinter dem Schreibtisch hervorragte – dieser steht quer vor dem Fenster. Er ging rasch hinüber und entdeckte Mr. Farley tot am Boden und neben ihm einen Revolver.
Mr. Cornworthy verließ rasch das Zimmer und wies den Butler an, Dr. Stillingfleet telefonisch herbeizurufen. Auf Anraten des Arztes benachrichtigte Mr. Cornworthy auch die Polizei.«
»Wurde der Schuß nicht gehört?«
»Nein. Der Verkehr ist hier sehr laut, und das Fenster auf dem Treppenabsatz war offen. Bei dem vielen Gehupe und dem Donnern der Lastwagen war es ein Ding der Unmöglichkeit.«
Poirot nickte nachdenklich. »Wann ist er vermutlich gestorben?«
Stillingfleet erwiderte:
»Ich habe die Leiche sofort nach meiner Ankunft untersucht, und das war zweiunddreißig Minuten nach vier. Mr. Farley war da seit mindestens einer Stunde tot.«
Poirots Gesicht hatte einen sehr ernsten Ausdruck.
»Dann erscheint es also durchaus möglich, daß der Tod um die Zeit, die er mir gegenüber erwähnte, eingetreten ist – nämlich um

achtundzwanzig Minuten nach drei.«
»Ganz recht«, sagte Stillingfleet.
»Sind Fingerabdrücke auf dem Revolver?«
»Ja, seine eigenen.«
»Und der Revolver selbst?«
Der Inspektor schaltete sich wieder ein.
»War derjenige, den er in der zweiten Schublade an der rechten Seite seines Schreibtisches aufbewahrte, wie er Ihnen gesagt hatte. Mrs. Farley hat ihn mit Bestimmtheit identifiziert. Außerdem hat der Raum nur einen Zugang, nämlich die Tür nach der Diele. Die beiden Reporter saßen dieser Tür direkt gegenüber, und sie schwören, daß niemand das Zimmer betreten hat von dem Augenblick an, als Mr. Farley mit ihnen sprach, bis Mr. Cornworthy kurz nach vier hineinging.«
»So daß man mit Sicherheit annehmen kann, daß Mr. Farley Selbstmord begangen hat.«
Inspektor Barnett lächelte ein wenig.
»Daran wäre überhaupt nicht gezweifelt worden, wenn man nicht etwas entdeckt hätte.«
»Und was war das?«
»Der an Sie gerichtete Brief.«
Poirot lächelte ebenfalls.
»Ich verstehe! Wo Hercule Poirot beteiligt ist, da erhebt sich sofort ein Mordverdacht!«
»Ganz recht«, bestätigte der Inspektor trocken. »Nachdem Sie jedoch die Situation geklärt haben –«
»Einen kleinen Augenblick«, unterbrach ihn Poirot und wandte sich dann an Mrs. Farley. »Ist Ihr Gatte jemals hypnotisiert worden?«
»Niemals.«
»Hatte er die Frage der Hypnose studiert? Interessierte er sich dafür?«
»Ich glaube nicht.« Plötzlich schien sie ihre Selbstbeherrschung zu verlieren. »Dieser gräßliche Traum! Es ist unheimlich! Daß er das Nacht für Nacht geträumt hat – und dann – es ist beinahe, als wäre er – zu Tode *gehetzt*!«
Poirot erinnerte sich daran, wie Benedict Farley sagte: »*Ich führe das aus, was ich in Wirklichkeit zu tun wünsche. Ich mache meinem Dasein ein Ende.*«
Er sagte:
»Ist Ihnen je der Gedanke gekommen, daß Ihr Mann die Versu-

chung spürte, sich das Leben zu nehmen?«
»Nein – das heißt, manchmal war er sehr merkwürdig...«
Joanna Farleys Stimme ertönte plötzlich, klar und verächtlich.
»Vater hätte sich niemals das Leben genommen. Er war viel zu sehr auf sein Wohlergehen bedacht.«
Dr. Stillingfleet fügte hinzu:
»Wissen Sie, Miss Farley, die Menschen, die immer mit Selbstmord drohen, begehen diese Tat gewöhnlich nicht. Daher erscheint mancher Selbstmord so unbegreiflich.«
Poirot erhob sich.
»Ist es gestattet«, fragte er, »daß ich den Raum sehe, wo die Tragödie stattfand?«
»Gewiß. Dr. Stillingfleet wird Sie vielleicht begleiten.«
Der Arzt erhob sich und ging mit Poirot nach oben.
Benedict Farleys Zimmer war bedeutend größer als das des Sekretärs nebenan. Es war luxuriös ausgestattet mit tiefen Ledersesseln, einem dicken Velourteppich und einem prachtvollen, riesigen Schreibtisch.
Poirot trat hinter den Schreibtisch, wo gerade vor dem Fenster ein dunkler Fleck auf dem Teppich zu sehen war. In Gedanken hörte er den Millionär sagen: »*Achtundzwanzig Minuten nach drei öffne ich die zweite Schublade rechts in meinem Schreibtisch, nehme den Revolver heraus, den ich dort liegen habe, lade ihn und trete ans Fenster. Und dann – und dann erschieße ich mich.*«
Poirot nickte langsam vor sich hin und sagte:
»Stand das Fenster offen, wie jetzt?«
»Ja. Aber niemand hätte auf diese Weise eindringen können.«
Poirot blickte hinaus. Es war nichts zu sehen: keine Fensterbank, kein Vorsprung, keine Dachrinne. Nicht einmal eine Katze hätte sich hereinschleichen können. Gegenüber erhob sich die glatte Wand des Fabrikgebäudes – eine blinde Wand ohne Fenster.
»Seltsam«, meinte Stillingfleet, »daß ein reicher Mann sich einen Raum mit solcher Aussicht als Arbeitszimmer gewählt hatte. Es ist ja, als ob man auf eine Gefängniswand blickte.«
»Ja«, stimmte ihm Poirot zu, während er den Kopf zurückzog und auf die öde Backsteinfläche starrte. »Ich glaube, daß die Wand eine wichtige Rolle spielt.«
»Meinen Sie – vom psychologischen Standpunkt aus?«
Poirot war inzwischen an den Schreibtisch getreten. Scheinbar müßig nahm er eine sogenannte Faulenzerzange in die Hand. Er preßte die Griffe zusammen, und die Zange schoß in ihrer ganzen

Länge heraus. Sorgfältig hob er damit ein abgebranntes Streichholz vom Boden, das in einiger Entfernung neben einem Sessel lag, und beförderte es geschickt in den Papierkorb.
»Eine geistreiche Erfindung«, murmelte Hercule Poirot und legte die Zange wieder säuberlich auf den Schreibtisch. Dann setzte er hinzu. »Wo waren Mrs. Farley und Miss Farley zur Zeit des – Todes?«
»Mrs. Farley ruhte in ihrem Zimmer, das im nächsten Stockwerk liegt, und Miss Farley malte in ihrem Atelier ganz oben im Haus.«
Hercule Poirot trommelte eine Zeitlang mit den Fingern auf den Tisch. Dann sagte er:
»Ich möchte gern mit Miss Farley sprechen. Würden Sie sie bitten, für einen Augenblick hierherzukommen?«
Stillingfleet blickte ihn neugierig an und verließ dann das Zimmer. Bald darauf öffnete sich die Tür, und Joanna Farley kam herein.
»Sie haben hoffentlich nichts dagegen, Mademoiselle, wenn ich ein paar Fragen an Sie richte?«
Sie schenkte ihm einen kühlen Blick.
»Bitte, fragen Sie, was Sie wollen.«
»Haben Sie gewußt, daß Ihr Vater einen Revolver in seinem Schreibtisch aufbewahrte?«
»Nein.«
»Wo waren Sie und Ihre Mutter – oder vielmehr Ihre Stiefmutter – stimmt's?«
»Ja, Louise ist die zweite Frau meines Vaters. Sie ist nur acht Jahre älter als ich. Was wollten Sie noch sagen?«
»Wo waren Sie und Ihre Stiefmutter am Donnerstag abend in der vergangenen Woche?«
Sie überlegte eine Weile. »Donnerstag? Einen Augenblick. Ach ja, wir waren im Theater.«
»Und Ihr Vater hatte keine Lust, sich Ihnen anzuschließen?«
»Mein Vater ging nie ins Theater.«
»Womit befaßte er sich abends gewöhnlich?«
»Er saß hier in seinem Zimmer und las.«
»Er war wohl nicht sehr gesellig, wie?«
Joanna Farley blickte ihm fest in die Augen.
»Mein Vater«, erklärte sie, »hatte ein seltsames Wesen. Niemand, der in enger Gemeinschaft mit ihm lebte, konnte ihn irgendwie gern haben.«

»Das, Mademoiselle, ist ein sehr offenes Zugeständnis.«
»Ich erspare Ihnen Zeit, Monsieur Poirot. Ich weiß sehr wohl, worauf Sie hinauswollen. Meine Stiefmutter hat meinen Vater seines Geldes wegen geheiratet. Ich wohne hier, weil ich kein Geld habe, um anderswo ein Domizil aufzuschlagen. Ich kenne einen Mann, den ich heiraten möchte. Es ist ein armer Mann. Mein Vater sorgte dafür, daß er seinen Posten verlor. Er wünschte nämlich, daß ich eine gute Partie machte – was ja nicht schwer war, da ich seine Erbin sein sollte!«
»Erben Sie das Vermögen Ihres Vaters?«
»Ja. Das heißt, er hat Louise, meiner Stiefmutter, eine Viertelmillion Pfund steuerfrei hinterlassen, und es sind noch einige andere Vermächtnisse vorhanden, aber die Universalerbin bin ich.« Sie lächelte plötzlich. »Sie sehen also, Monsieur Poirot, daß ich allen Grund hatte, den Tod meines Vaters herbeizusehnen.«
»Ich sehe, Mademoiselle, daß Sie den kühlen Verstand und die Intelligenz Ihres Vaters geerbt haben.«
Nachdenklich meinte sie:
»Ja, Vater war klug. Man spürte in seiner Gegenwart die gewaltige Triebkraft, die in ihm steckte. Nur hatte sich alles in Kälte und Bitterkeit verwandelt. Alle menschlichen Gefühle waren atrophiert...«
Hercule Poirot sagte leise vor sich hin: »*Grand Dieu*, was für ein Dummkopf war ich doch!«
Joanna Farley wandte sich zum Gehen.
»Möchten Sie sonst noch etwas wissen?«
»Zwei kleine Fragen. Diese Zange hier« – er nahm die Faulenzerzange in die Hand – »lag sie immer auf diesem Schreibtisch?«
»Ja. Vater bückte sich nicht gern.«
»Und nun die zweite Frage. Konnte Ihr Vater gut sehen?«
»Oh – er konnte überhaupt nicht sehen – ich meine, nicht ohne seine Brille. Seine Augen waren immer schlecht, schon von Kindheit an.«
»Aber mit der Brille?«
»Damit sah er natürlich ganz gut.«
»Konnte er Zeitungen und Kleingedrucktes lesen?«
»Doch, ja.«
»Das wäre alles, Mademoiselle.«
Sie verließ das Zimmer.
Poirot murmelte:
»Ich war ja dumm. Die ganze Zeit über hatte ich es direkt vor der

Nase. Aber man sieht ja bekanntlich den Wald vor lauter Bäumen nicht.«

Noch einmal lehnte er sich aus dem Fenster. Da unten, auf dem schmalen Weg zwischen dem Haus und der Fabrik, sah er einen kleinen, dunklen Gegenstand.

Hercule Poirot nickte befriedigt und begab sich wieder zurück.

Die anderen saßen immer noch in der Bibliothek, und Poirot wandte sich an den Sekretär.

»Mr. Cornworthy, ich möchte, daß Sie mir die näheren Umstände schildern, die mit Mr. Farleys Aufforderung an mich verknüpft waren. Wann hat Mr. Farley, zum Beispiel, den Brief diktiert?«

»Mittwoch nachmittag – gegen halb sechs, soweit ich mich erinnere.«

»Haben Sie besondere Anweisungen für das Absenden erhalten?«

»Er bat mich, ihn selbst in den Briefkasten zu werfen.«

»Und haben Sie das getan?«

»Ja.«

»Hat er dem Butler besondere Instruktionen für meinen Empfang erteilt?«

»Ja. Er ließ Holmes – so heißt der Butler – durch mich bestellen, daß er um neun Uhr dreißig den Besuch eines Herrn erwarte. Der Butler sollte sich nach dem Namen erkundigen und sich auch den Brief zeigen lassen.«

»Ziemlich seltsame Vorsichtsmaßregeln.«

Cornworthy zuckte die Achseln. »Mr. Farley«, sagte er gemessen, »war ein ziemlich seltsamer Mensch.«

»Erhielten Sie noch andere Anweisungen?«

»Ja. Er trug mir auf, mir für diesen Abend freizunehmen.«

»Haben Sie das getan?«

»Ja, ich bin sofort nach dem Essen ins Kino gegangen.«

»Wann sind Sie zurückgekehrt?«

»Gegen ein Viertel nach elf war ich wieder im Haus.«

»Haben Sie Mr. Farley an diesem Abend noch gesehen?«

»Nein.«

»Und am nächsten Morgen hat er die Angelegenheit auch nicht erwähnt?«

»Nein.«

Poirot wartete einen Augenblick und fuhr dann fort:

»Als ich kam, wurde ich nicht in Mr. Farleys eigenes Zimmer geführt.«

»Nein. Er ließ Holmes durch mich ausrichten, daß er Sie in mein Zimmer führen solle.«
»Warum eigentlich? Wissen Sie das?«
Cornworthy schüttelte den Kopf.
»Ich habe Mr. Farley nie nach dem Grund seiner Anordnungen gefragt«, sagte er trocken. »Das hätte er mir sehr übel genommen.«
»Hat er Besucher gewöhnlich in seinem eigenen Zimmer empfangen?«
»Meistens, aber nicht immer. Manchmal sprach er mit ihnen in meinem Zimmer.«
»War ein besonderer Grund dafür vorhanden?«
Hugo Cornworthy überlegte.
»Nein. Ich glaube kaum. Ich habe eigentlich nie darüber nachgedacht.«
Poirot wandte sich an Mrs. Farley.
»Gestatten Sie, daß ich nach Ihrem Butler klingle?«
»Gewiß, Monsieur Poirot.«
Sehr korrekt, sehr höflich erschien der Butler auf das Klingelzeichen hin. »Sie haben geläutet, Madam?«
Mrs. Farley deutete auf Poirot, und Holmes fragte höflich: »Ja, Sir?«
»Wie lauteten Ihre Instruktionen, Holmes, am Donnerstag abend, als ich hierherkam?«
Holmes räusperte sich und sagte:
»Nach dem Essen sagte mir Mr. Cornworthy, daß Mr. Farley um neun Uhr dreißig einen Mr. Hercule Poirot erwarte. Ich sollte den Herrn nach seinem Namen fragen und mir diese Angaben durch das Vorzeigen eines Briefes bestätigen lassen. Dann sollte ich ihn in Mr. Cornworthys Zimmer bringen.«
»Hat man Ihnen auch aufgetragen, an die Tür zu klopfen?«
Ein Ausdruck des Mißfallens huschte über das Gesicht des Butlers.
»Das hatte Mr. Farley angeordnet. Ich sollte immer anklopfen, wenn ich Besucher brachte – das heißt, Besucher, die in geschäftlicher Angelegenheit kamen.«
»Ach so. Darüber hatte ich mir schon den Kopf zerbrochen. Hatten Sie sonst noch Anweisungen für mich erhalten?«
»Nein, Sir. Nachdem Mr. Cornworthy mir diese Anordnungen übermittelt hatte, ging er aus.«
»Um welche Zeit war das?«

»Zehn Minuten vor neun, Sir.«
»Haben Sie Mr. Farley nach dieser Zeit noch gesehen?«
»Ja, Sir. Um neun Uhr brachte ich ihm, wie üblich, ein Glas heißes Wasser.«
»War er da in seinem eigenen oder in Mr. Cornworthys Zimmer?«
»Er saß in seinem eigenen Zimmer, Sir.«
»Haben Sie irgend etwas Ungewöhnliches in seinem Zimmer bemerkt?«
»Etwas Ungewöhnliches? Nein, Sir.«
»Wo hielten sich Mrs. Farley und Miss Farley auf?«
»Sie waren ins Theater gegangen, Sir.«
»Vielen Dank, Holmes, das ist alles.«
Holmes verbeugte sich und verließ das Zimmer. Poirot wandte sich an die Witwe des Millionärs.
»Noch eine Frage, bitte, Mrs. Farley. Hatte Ihr Gatte gute Augen?«
»Nein, ohne Brille konnte er nicht viel sehen.«
»War er sehr kurzsichtig?«
»O ja, ohne Brille war er ganz hilflos.«
»Besaß er mehrere Brillen?«
»Ja.«
»Aha«, sagte Poirot und lehnte sich im Sessel zurück. »Damit wäre der Fall wohl abgeschlossen.«
Im Raum herrschte tiefes Schweigen. Alle blickten auf den kleinen Mann, der da so selbstzufrieden im Sessel saß und seinen Schnurrbart zwirbelte. Im Gesicht des Inspektors zeigte sich Verwirrung. Dr. Stillingfleet runzelte die Stirn. Cornworthy starrte ihn verständnislos an. In Mrs. Farleys Blick lag ein verblüfftes Staunen. Joannas Augen sprachen von regem Interesse. Mrs. Farley brach das Schweigen.
»Ich verstehe Sie nicht, Monsieur Poirot.« Ihre Stimme klang etwas ungehalten. »Dieser Traum...«
»Ja«, sagte Poirot. »Der Traum war sehr wichtig.«
Mrs. Farley erschauderte. Sie sagte:
»Bis dahin habe ich nie an übernatürliche Kräfte geglaubt, aber jetzt – Nacht für Nacht vorher davon zu träumen.«
»Es ist ungewöhnlich«, bemerkte Stillingfleet. »Wirklich höchst seltsam! Wenn wir uns nicht auf Ihr Wort verlassen könnten, Poirot, und wenn Sie es nicht aus dem Munde des Propheten selber hätten...« Er räusperte sich verlegen. »Ich bitte vielmals

um Verzeihung, Mrs. Farley. Ich meine, wenn Mr. Farley die Geschichte nicht selbst erzählt hätte...«
»Richtig«, warf Poirot ein. Seine bis dahin halbgeschlossenen Augen öffneten sich plötzlich weit. Sie schimmerten sehr grün.
»Wenn Benedict Farley es mir nicht gesagt hätte...«
Er ließ eine kleine Pause eintreten und blickte sich im Kreise der verblüfften Gesichter um.
»Wissen Sie, es gab da manches an jenem Abend, das ich mir nicht zu erklären vermochte. Zunächst einmal: warum wurde so großer Wert darauf gelegt, daß ich den Brief mitbringen sollte?«
»Wegen der Identifizierung«, meinte Cornworthy.
»Nein, nein, mein lieber junger Mann. Diese Idee ist wirklich zu lächerlich. Es muß schon ein viel triftigerer Grund dahinterstecken. Denn nicht nur wünschte Mr. Farley, daß ich den Brief vorzeigen sollte, sondern ich mußte ihn sogar bei ihm zurücklassen. Und selbst dann hat er ihn noch nicht zerrissen! Er ist heute nachmittag unter seinen Papieren gefunden worden. Warum bewahrte er ihn auf?«
Joanna Farleys Stimme ließ sich vernehmen.
»Weil er wünschte, daß die näheren Umstände dieses seltsamen Traumes an die Öffentlichkeit gelangten, falls ihm etwas zustieß.«
»Sie sind scharfsinnig, Mademoiselle. Das allein kann der Grund sein, weshalb er den Brief aufbewahrt hat. Wenn Mr. Farley tot sein würde, dann sollte die Geschichte dieses seltsamen Traumes erzählt werden! Der Traum spielte eine sehr wichtige Rolle. Er war von ausschlaggebender Bedeutung!
Ich komme jetzt«, fuhr er fort, »zum zweiten Punkt. Nachdem Mr. Farley mir seine Geschichte erzählt hatte, bat ich ihn, mir den Schreibtisch und den Revolver zu zeigen. Er schien sich erheben zu wollen, um mir meine Bitte zu erfüllen, weigerte sich dann aber plötzlich. Warum hat er sich geweigert?«
Diesmal hatte keiner von ihnen eine Antwort bereit.
»Ich will die Frage einmal anders formulieren. Was war dort in dem Nebenzimmer, das mir Mr. Farley nicht zeigen wollte?«
Das Schweigen hielt an.
»Ja«, meinte Poirot, »die Frage ist etwas schwierig. Aber es war ein Grund, ein dringender Grund vorhanden, warum Mr. Farley mich im Zimmer seines Sekretärs empfing und sich glattweg weigerte, mich in seinen eigenen Raum zu führen. Es war etwas in diesem Zimmer, das er mich unter keinen Umständen sehen

lassen durfte.
Und nun komme ich zu der dritten unerklärlichen Begebenheit jenes Abends. Gerade als ich mich anschickte fortzugehen, bat Mr. Farley mich, ihm den von ihm erhaltenen Brief zurückzugeben. Aus Versehen reichte ich ihm eine Mitteilung meiner Wäscherin, die er prüfend überflog und dann neben sich auf den Tisch legte. Kurz bevor ich den Raum verließ, entdeckte ich meinen Irrtum – und korrigierte ihn. Danach verließ ich das Haus und – ich gebe es unumwunden zu – war völlig ratlos. Die ganze Angelegenheit – insbesondere das letzte Vorkommnis – erschien mir völlig rätselhaft.«
Er blickte die Anwesenden der Reihe nach an.
»Haben Sie es nicht begriffen?«
Stillingfleet meinte. »Ich verstehe wirklich nicht, was Ihre Wäscherin damit zu tun hat, Poirot.«
»Meine Wäscherin«, erklärte Poirot, »spielte eine sehr wichtige Rolle. Diese miserable Person, die dauernd meine Kragen ruiniert, erwies sich zum erstenmal in ihrem Leben nützlich. Aber Sie müssen es doch auch erkennen, es starrt einem ja förmlich ins Gesicht. Mr. Farley sah sich die Mitteilung an – ein einziger Blick hätte ihm sagen müssen, daß es nicht der richtige Brief war. Und doch hat er nichts gemerkt. Warum? Weil er nicht richtig sehen konnte!«
Inspektor Barnett fragte scharf:
»Trug er keine Brille?«
Hercule Poirot lächelte.
»Doch«, sagte er. »Er hatte seine Brille auf. Das macht die Sache ja so interessant.«
Er beugte sich etwas vor.
»Mr. Farleys Traum war sehr wichtig. Sehen Sie, er träumte, daß er Selbstmord begehe. Und ein wenig später hat er tatsächlich Selbstmord begangen. Das heißt, er war allein in einem Zimmer, und der Revolver lag neben ihm. So wurde er jedenfalls aufgefunden. Und niemand hat den Raum betreten oder verlassen, als der Schuß abgegeben wurde. Was bedeutet das? Das bedeutet doch, daß es unbedingt Selbstmord sein muß!«
»Ja«, sagte Stillingfleet.
Hercule Poirot schüttelte aber den Kopf.
»Im Gegenteil«, behauptete er. »Es handelte sich um einen Mord. Einen ungewöhnlichen und sehr schlau geplanten Mord.«
Wiederum beugte er sich vor und klopfte mit dem Finger auf den

Tisch, während seine Augen vor Erregung grün schimmerten.
»Warum gestattete mir Mr. Farley nicht, an jenem Abend sein Zimmer zu betreten? Was war darin, das ich um keinen Preis sehen durfte? Ich glaube, liebe Freunde, es war – Benedict Farley selber!«
Er lächelte die perplexen Gesichter an.
»Ja, ja, es ist kein Unsinn, den ich daherrede. Warum konnte Mr. Farley, mit dem ich gesprochen hatte, den Unterschied zwischen zwei völlig unähnlichen Briefen nicht erkennen? Weil er, liebe Freunde, ein Mann mit normalem Sehvermögen war, der sehr starke Gläser trug. Solche Gläser machen einen Menschen mit normaler Sehfähigkeit praktisch blind. Stimmt das nicht, Doktor?«
Stillingfleet murmelte: »Gewiß – da haben Sie recht.«
»Warum hatte ich bei der Unterredung mit ihm das Gefühl, daß ich es mit einem Scharlatan zu tun hatte, mit einem Schauspieler, der eine Rolle spielte? Betrachten wir zunächst die Szenerie – den dämmrigen Raum und die mit einem grünen Schirm bedeckte Lampe, deren grelles Licht von der Gestalt im Sessel abgewandt und dem Besucher zugekehrt ist. Was sah ich denn schon? Den berühmten Flickenschlafrock, die Hakennase – gefälscht mit der so nützlichen Substanz Paraffin –, den weißen Haarschopf, die stark vergrößernden Gläser, die die Augen versteckten. Was für ein Beweis existiert, daß Mr. Farley jemals einen Traum gehabt hat? Nur die Geschichte, die mir erzählt wurde, und *Mrs. Farleys* Aussage. Was für einen Beweis haben wir, daß Mr. Farley einen Revolver in seinem Schreibtisch aufbewahrte? Wiederum nur die mir erzählte Geschichte und Mrs. Farleys Wort. Zwei Menschen führten diesen Schwindel durch – Mrs. Farley und Hugo Cornworthy. Cornworthy schrieb mir den Brief, erteilte dem Butler die erwähnten Instruktionen, ging angeblich ins Kino, kehrte aber sofort wieder zurück, schlich sich in sein Zimmer, verkleidete sich und spielte Benedict Farleys Rolle.
Und so kommen wir zu dem heutigen Nachmittag. Die günstige Gelegenheit, auf die Mr. Cornworthy gewartet hat, bietet sich endlich. In der Diele sitzen zwei Zeugen, die beschwören können, daß niemand Benedict Farleys Zimmer betreten oder verlassen hat. Cornworthy wartet, bis sich ein besonders schwerer Verkehrsstrom vorbeiwälzt. Dann lehnt er sich zum Fenster hinaus und hält mit der Faulenzerzange, die er vom Schreibtisch nebenan entwendet hat, einen Gegenstand an Farleys Fenster.

Benedict Farley tritt daraufhin ans Fenster, und Cornworthy läßt die Zange zurückschnellen. Während Farley sich hinauslehnt und die Lastwagen vor dem Haus vorbeidonnern, erschießt ihn Cornworthy mit einem Revolver, den er in Bereitschaft hat. Das Fenster geht ja nach der Seite, und gegenüber befindet sich eine blinde Wand. Es gibt also keinen Zeugen für das Verbrechen. Cornworthy wartet über eine halbe Stunde. Dann nimmt er einen Stoß Papiere, unter denen er die Faulenzerzange und den Revolver verbirgt, geht hinaus in die Diele und dann in den Raum nebenan. Dort legt er rasch die Faulenzerzange wieder auf den Schreibtisch und den Revolver neben den Toten, nachdem er dessen Finger auf den Griff gepreßt hat, und eilt nach draußen mit der Nachricht von Mr. Farleys ›Selbstmord‹.
Er sorgt dafür, daß der an mich gerichtete Brief gefunden wird, und ich mit meiner Geschichte erscheine – der Geschichte, die ich aus Mr. Farleys eigenem Mund gehört habe, der Geschichte von seinem ungewöhnlichen Traum und seinem seltsamen Drang, sich zu töten! Ein paar leichtgläubige Menschen werden die Hypnose-Theorie diskutieren – aber im wesentlichen wird ohne jeden Zweifel bestätigt, daß es tatsächlich Benedict Farleys eigene Hand war, die den Revolver hielt.«
Hercule Poirots Augen richteten sich auf die Witwe, und er sah mit Befriedigung die Bestürzung, die fahle Blässe, die blinde Furcht ... »Und in absehbarer Zeit«, schloß er sanft, »wäre das Happy-End erreicht worden. Eine Viertelmillion Pfund und zwei Herzen, die wie eines schlagen ...«

Dr. John Stillingfleet und Hercule Poirot gingen an der Seite von Northway House entlang. Zu ihrer Rechten erhob sich die ragende Fabrikwand, und links über ihnen befanden sich die Fenster von Benedict Farley und Hugo Cornworthy. Hercule Poirot blieb plötzlich stehen und hob einen Gegenstand auf – eine ausgestopfte schwarze Katze.
»*Voilà*«, sagte er. »Hier haben wir das, was Cornworthy mit der Faulenzerzange an Farleys Fenster hielt. Farley haßte ja Katzen, wie Ihnen vielleicht bekannt ist, und stürzte natürlich ans Fenster.«
»Warum in aller Welt ist Cornworthy denn nicht nach draußen geeilt und hat das Ding aufgehoben, nachdem er es hatte fallen lassen?«
»Wie konnte er das tun? Das hätte bestimmt Verdacht erregt. Und

was denkt sich schon jemand dabei, wenn er diese Katze findet? Höchstens, daß ein Kind hier gespielt und sie verloren hat.«

»Ja«, seufzte Stillingfleet, »das hätte ein gewöhnlicher Sterblicher wahrscheinlich angenommen. Aber nicht der gute alte Hercule! Wissen Sie, bis zum allerletzten Augenblick habe ich angenommen, daß Sie irgendeine hochtrabende Theorie von einem psychologischen, ›suggerierten‹ Mord entwickeln würden. Ich möchte wetten, daß die beiden das auch vermutet haben! Eine schreckliche Nummer, diese Mrs. Farley! Meine Güte, wie sie zusammensackte! Cornworthy hätte sich vielleicht noch aus der Affäre gezogen, wenn sie nicht diesen hysterischen Anfall bekommen und versucht hätte, Ihre Schönheit mit ihren Krallen zu verschandeln. Nur mit Mühe und Not habe ich Sie aus ihren Klauen retten können.«

Nach einer kleinen Pause fuhr er fort:

»Die Tochter gefällt mir eigentlich ganz gut. Schneid, wissen Sie, und Grips. Würde man mich wohl für einen Glücksjäger halten, wenn ich mein Glück bei ihr versuchte?«

»Da kommen Sie zu spät, guter Freund. Es ist schon ein Anwärter da. Der Tod ihres Vaters hat ihr den Weg zum Glück geebnet.«

»Richtig gesehen, hatte sie ein ziemlich gutes Motiv, um den unangenehmen Paterfamilias in die ewigen Jagdgründe zu befördern.«

»Motiv und Gelegenheit genügen nicht«, entgegnete Poirot. »Es muß auch die verbrecherische Anlage vorhanden sein.«

»Werden Sie jemals ein Verbrechen begehen, Poirot?« fragte Stillingfleet. »Ich möchte wetten, daß Sie ungestraft davonkämen. Aber es wäre tatsächlich zu leicht für Sie – aus diesem Grunde schon ist es zu verwerfen; denn es wäre entschieden zu unsportlich.«

»Das«, meinte Poirot, »ist eine typisch englische Idee.«

Haus Nachtigall

»Auf Wiedersehen, Liebling!«
»Auf Wiedersehen, mein Schatz!«
Alix Martin lehnte sich über das schmale Gartentor und sah ihrem Mann nach, der den Weg zum Dorf hinunterging. Kleiner und kleiner wurde die Gestalt, jetzt war sie in einer Kurve verschwunden, aber Alix verharrte immer noch in der gleichen Stellung. In Gedanken versunken, strich sie eine Locke ihres dichten braunen Haares aus ihrem Gesicht. Ihre Augen blickten träumerisch in die Ferne.
Alix Martin war nicht schön, strenggenommen nicht einmal hübsch. Ihr Gesicht war das einer Frau, die nicht mehr in den besten Jahren ist. Trotzdem war es strahlend und weich, und ihre früheren Kollegen aus dem Büro hätten sie wahrscheinlich kaum wiedererkannt.
Miss Alix King war eine ordentliche, geschäftstüchtige junge Frau gewesen, etwas forsch in ihrem Verhalten, aber sie stand offensichtlich mit beiden Füßen auf der Erde.
Alix war durch eine harte Schule gegangen. Fünfzehn Jahre lang, von ihrem achtzehnten Lebensjahr an, bis sie dreiunddreißig war, hatte sie für sich selbst gesorgt, sieben Jahre davon auch noch für ihre kranke Mutter. Den Unterhalt hatte sie durch ihre Arbeit als Stenotypistin verdient. Dieser Existenzkampf hatte die weichen Linien ihres Gesichtes gehärtet.
Sicher, es hatte auch Liebe gegeben – so eine Art. Dick Windyford, ein Büroangestellter und Kollege. Ohne es sich je anmerken zu lassen, hatte Alix natürlich gewußt, was er für sie empfand. Nach außen hin waren sie Freunde gewesen, mehr nicht. Mit seinem spärlichen Gehalt konnte Dick im Moment noch nicht ans Heiraten denken. Er mußte für die Schulkosten eines jüngeren Bruders aufkommen.
Unerwartet war es dann plötzlich mit der täglichen Plackerei zu Ende. Eine entfernte Kusine war gestorben und hatte Alix ihr Geld hinterlassen. Es waren ein paar tausend Pfund, genug, um ein paar hundert im Jahr einzubringen. Für Alix bedeutete es

Freiheit, Leben, Unabhängigkeit. Nun brauchten Dick und sie nicht länger zu warten.

Aber Dick reagierte eigenartig. Er hatte niemals offen zu Alix über seine Liebe gesprochen, und jetzt schien er es weniger denn je zu beabsichtigen. Er ging ihr aus dem Wege, wurde mürrisch und verschlossen.

Alix erkannte den Grund schnell. Dick war zu feinfühlend und stolz, um ausgerechnet jetzt, da sie Geld hatte, um ihre Hand anzuhalten. Sie liebte ihn dafür noch mehr und hatte sich schon vorgenommen, selbst den ersten Schritt zu tun, als zum zweitenmal das Unerwartete in ihr Leben trat.

Im Hause einer Freundin lernte sie Gerald Martin kennen. Er verliebte sich stürmisch in sie, und eine Woche später waren sie bereits verlobt. Alix, die von sich selbst überzeugt gewesen war, daß ihr so etwas nie passieren könne, war im siebenten Himmel.

Damit hatte sie unwissentlich den Weg gefunden, um Dick Windyford wachzurütteln. In Rage und voller Empörung war er zu ihr gekommen.

»Dieser Mann ist ein völlig Fremder für dich. Du weißt überhaupt nichts über ihn«, hatte er ihr vorgehalten.

»Ich weiß, daß ich ihn liebe.«

»Wie kannst du das nach einer Woche?«

»Nicht jeder braucht elf Jahre, um herauszufinden, daß er in ein Mädchen verliebt ist«, hatte sie ihn ärgerlich angeschrien.

Sein Gesicht war weiß.

»Ich habe dich geliebt, seit ich dich zum erstenmal sah. Ich dachte, du liebst mich auch.«

Alix war ehrlich. »Ich glaubte das auch«, gab sie zu. »Aber das war, weil ich nicht wußte, was Liebe ist.«

Dick war außer sich. Bitten, Flehen, sogar Drohungen – Drohungen gegen den Mann, der ihn verdrängt hatte, stieß er aus. Alix war erstaunt, als sie den Vulkan erlebte, der unter dem reservierten Äußeren des Mannes steckte, von dem sie glaubte, ihn so gut zu kennen.

Als sie an diesem sonnigen Morgen an dem Gartentor des Landhauses gelehnt stand, wanderten ihre Gedanken zurück zu diesem Gespräch. Einen Monat lang war sie verheiratet, und sie war wunschlos glücklich. Jetzt, da ihr Mann, der ihr alles bedeutete, nicht da war, schlich sich trotzdem ein Beigeschmack von Angst in ihr perfektes Glück. Und der Grund für diese Angst war

Dick Windyford

Dreimal seit ihrer Hochzeit hatte sie den gleichen Traum gehabt. Die Umgebung war stets eine andere, aber die Hauptsache war immer die gleiche. *Sie sah ihren Mann tot daliegen, und Dick Windyford stand über ihn gebeugt, und sie wußte, daß es Dick war, der ihn erschlagen hatte.* Aber so schrecklich das auch war, es gab noch etwas Entsetzlicheres, und zwar nach dem Erwachen, denn im Traum schien es völlig natürlich und unvermeidlich zu sein. *Sie, Alix Martin, war froh, daß ihr Mann tot war.* Sie streckte dem Mörder die Hände entgegen, manchmal dankte sie ihm. Der Traum endete immer gleich: sie war in Dick Windyfords Arme geschmiegt.

Sie hatte ihrem Mann nichts von diesem Traum erzählt, aber innerlich hatte er sie tiefer beunruhigt, als sie zugeben wollte. War es eine Warnung – eine Warnung vor Dick Windyford?
Alix wurde aus ihren Gedanken gerissen, als das schrille Läuten des Telefons aus dem Haus drang. Sie ging hinein und nahm den Hörer ab. Plötzlich schwankte sie und hielt sich an der Wand fest.
»Wer, sagten Sie, ist am Apparat?«
»Aber, Alix, was ist denn los mit dir? Ich hätte deine Stimme fast nicht erkannt. Hier ist Dick.«
»Oh«, brachte sie hervor. »Oh! Wo – wo bist du?«
»In ›Traveller's Arms‹, so heißt das wohl, nicht wahr? Oder kennst du nicht einmal eure Dorfwirtschaft? Ich habe Urlaub, möchte ein bißchen fischen hier. Hast du etwas dagegen, daß ich euch heute nach dem Abendessen besuche?«
»Nein!« antwortete Alix scharf. »Du darfst nicht kommen!«
Nach einer kleinen Pause kam Dicks veränderte Stimme wieder.
»Es tut mir leid«, sagte er förmlich, »ich möchte dich natürlich nicht belästigen –«
Alix unterbrach ihn hastig. Er mußte ihr Benehmen als reichlich ungewöhnlich betrachten. Es war auch ungewöhnlich. Ihre Nerven hatten sie im Stich gelassen.
»Ich meinte nur, daß wir für heute abend schon verabredet sind«, erklärte sie und versuchte ihrer Stimme einen möglichst natürlichen Klang zu geben. »Möchtest du nicht – würdest du morgen zum Abendessen kommen?«
Aber Dick hatte den plötzlichen Meinungsumschwung offenbar bemerkt.

»Vielen Dank«, antwortete er, »aber ich werde dann lieber gleich weiterfahren. Es hängt noch davon ab, ob ein Freund von mir herkommt oder nicht. Auf Wiedersehen, Alix.« Er hielt einen Moment inne und fügte dann hastig und mit veränderter Stimme hinzu: »Viel Glück, Alix.«
Mit einem Gefühl der Erleichterung legte Alix den Hörer auf die Gabel. Er darf nicht herkommen, wiederholte sie in Gedanken. Er darf nicht herkommen. Gott, was bin ich dumm, mich so aufzuregen! Trotzdem bin ich froh, daß er nicht kommt.
Sie nahm einen Strohhut vom Tisch und ging wieder hinaus in den Garten. Einen Moment blieb sie stehen und blickte auf den Namen, der draußen am Tor eingeschnitzt stand: Haus Nachtigall.
»Ist das nicht ein sehr eigentümlicher Name?« hatte sie zu Gerald gesagt, bevor sie heirateten. Er hatte gelacht.
»Du kleines Londoner Stadtkind«, hatte er liebevoll geantwortet. »Ich glaube, du hast noch nie eine Nachtigall gehört. Ich bin froh darüber. Wir werden sie an einem Sommerabend zusammen vor unserem eigenen Haus hören.«
Als sich Alix jetzt daran erinnerte, spürte sie ein Gefühl des Glücks in sich aufsteigen. Es war Gerald, der Haus Nachtigall gefunden hatte. Er war zu Alix gekommen, vor Aufregung ganz außer sich gewesen: er habe genau das richtige für sie aufgetrieben, ein Juwel, die Chance des Lebens. Und als Alix es gesehen hatte, war sie von seinem Charme ebenfalls bezaubert. Gewiß, die Lage war ziemlich einsam, zwei Meilen vom nächsten Dorf entfernt. Aber das Haus selbst war so auserlesen mit seinem an frühere Zeiten erinnernden Äußeren und seinem soliden Komfort mit Badezimmern, Heißwasseranlagen, elektrischem Licht und Telefon, daß Alix diesen Reizen sogleich erlegen war. Doch dann stellte sich heraus, daß die Sache einen Haken hatte. Der Besitzer, ein reicher Mann, lehnte ab, das Haus zu vermieten. Er wollte nur verkaufen.
Gerald Martin war nicht imstande, sein Kapital zu diesem Zeitpunkt flüssig zu machen. Er hatte zwar ein gutes Einkommen, aber das Äußerste, was er aufbringen konnte, wären tausend Pfund gewesen. Der Besitzer wollte dreitausend. Aber Alix hatte ihr Herz schon an dieses Haus verloren, und sie wußte Rat. Über ihr eigenes Geld konnte sie sofort verfügen, da es in Pfandbriefen angelegt war. Sie würde die Hälfte davon abzweigen, um ihr Heim zu kaufen. So wurde Haus Nachtigall ihr Eigentum, ein

Entschluß, den Alix bisher keinen Augenblick bereut hatte. Sicher, das Hauspersonal mochte die ländliche Abgeschiedenheit nicht, darum hatte sie im Moment auch keine Hilfe. Aber Alix, jahrelang nur den eintönigen Bürobetrieb gewohnt, machte es Spaß, Leckerbissen zu kochen und das Haus in Ordnung zu halten. Für den Garten, in dem prachtvolle Blumen wuchsen, hatte sie einen alten Mann aus dem Dorf, der zweimal wöchentlich, und zwar immer montags und freitags, kam.
Sie war deshalb erstaunt, ihn heute, Mittwoch, hinter dem Haus in einem Blumenbeet beschäftigt, anzutreffen.
»Nanu, George, was machen Sie denn hier?« fragte sie, als sie auf ihn zukam.
Der alte Mann richtete sich mühsam auf und hob zwei Finger an den Schirm seiner uralten Mütze.
»Ich dachte mir schon, daß Sie sich wundern würden, Madam. Aber es ist so. Auf dem Gut wird am Freitag ein Fest gefeiert, und ich sagte mir, weder Mr. Martin noch seine junge Frau werden etwas dagegen haben, wenn ich mal statt Freitag schon am Mittwoch komme.«
»Ist schon in Ordnung«, antwortete Alix. »Ich wünsche Ihnen viel Vergnügen.«
»Das werde ich haben«, meinte George treuherzig. »Es ist 'ne feine Sache, zu wissen, daß man sich so richtig vollessen kann, ohne selbst bezahlen zu müssen. Der Gutsbesitzer ist bei seinen Leuten nie kleinlich gewesen. Und dann dachte ich mir auch, Madam, ich kann Sie genauso gut jetzt, bevor Sie wegfahren, nach Ihren Wünschen für die Rabatten fragen. Sie wissen wohl nicht, wann Sie zurückkommen, Madam?«
»Aber ich fahre gar nicht fort.«
George starrte sie an.
»Fahren Sie denn morgen nicht nach London?«
»Nein. Wie kommen Sie auf diese Idee?«
George rückte mit einer langsamen Bewegung seine Mütze ins Genick.
»Mr. Martin hat es mir erzählt, als ich ihn gestern im Dorf traf. Er sagte, daß Sie beide morgen nach London fahren, und es sei ungewiß, wann Sie wieder zurückkämen.«
»Unsinn«, lachte Alix. »Sie müssen ihn mißverstanden haben.«
Trotzdem wunderte sie sich, was Gerald wohl zu dem alten Mann gesagt hatte, er konnte ihn doch nicht so mißverstanden haben. Nach London fahren? Sie wollte niemals wieder nach London.

»Ich hasse London«, sagte sie plötzlich bitter.
»Aha«, meinte George gelassen. »Na, dann werd' ich mich wohl verhört haben. Und doch, er sagte es ja ganz deutlich. Ich bin froh, daß Sie hierbleiben. Ich halte nichts von diesen Spazierfahrten, und von London halte ich schon gar nichts. Ich habe, Gott sei Dank, nie hinfahren müssen. Zu viele Autos – das ist das Schlimmste heutzutage. Wenn die Leute erst mal ein Auto haben, dann können sie nicht mehr an einem Platz bleiben. Mr. Ames, dem dieses Haus früher gehörte, war immer ein friedlicher, ruhiger Mann gewesen, bis er sich so ein Ding kaufte. Noch nicht einen Monat hat er es gehabt, als er schon das Haus zum Verkauf anbot. Und 'ne Menge Geld hatte er hier reingesteckt, mit fließend Wasser in allen Schlafzimmern und dem elektrischen Licht und so. ›Das Geld kriegen Sie nie wieder‹, sagte ich ihm, aber er meinte, er bekäme zweitausend Pfund für dieses Haus, und zwar auf den Penny. Und richtig, er bekam es auch.«
»Es waren dreitausend«, unterbrach Alix lächelnd seinen Redeschwall.
»Zweitausend«, wiederholte George. »Die Summe, die er damals verlangte, wurde hier lange genug diskutiert.«
»Es waren wirklich dreitausend«, sagte Alix.
George war nicht zu überzeugen. »Frauen verstehen nichts von Zahlen«, meinte er. »Sie wollen mir doch nicht erzählen, daß Mr. Ames den Nerv hatte, von Ihnen dreitausend zu verlangen?«
»Er verlangte es nicht von mir, sondern von meinem Mann«, antwortete Alix.
George kniete sich wieder hin.
»Der Preis war zweitausend«, murmelte er störrisch.

Alix hatte keine Lust, sich mit ihm zu streiten. Sie ging zu einem anderen Beet und pflückte sich einen schönen, dicken Blumenstrauß.
Als sie ins Haus gehen wollte, bemerkte sie im Vorbeigehen einen kleinen dunkelgrünen Gegenstand, der zwischen den Blättern eines Beetes hervorschaute. Sie bückte sich, hob ihn auf und sah, daß es das Notizbuch ihres Mannes war.
Sie öffnete es und durchblätterte amüsiert die Eintragungen. Gleich zu Beginn ihres Ehelebens hatte sie erkannt, daß Gerald, der impulsiv und gefühlvoll war, einen ausgeprägten Sinn für Ordnung und Systematik besaß, was eigentlich nicht zusammenpaßte. Er war geradezu versessen darauf, daß die Mahlzeiten

pünktlichst eingehalten wurden, und er plante seinen Tagesablauf mit der Präzision eines Uhrwerkes voraus.
Während sie das Notizbuch durchstöberte, entdeckte sie zu ihrer Erheiterung die Eintragung vom 14. März: »Alix heiraten, 14.30 Uhr, St.-Peters-Kirche.«
»Der große Junge«, murmelte sie und blätterte weiter. Plötzlich stutzte sie.
»›Mittwoch, 18. Juni‹ – das ist ja heute!«
In dem Raum, der für dieses Datum zur Verfügung stand, war mit Geralds gestochener Schrift eingetragen: »21.00 Uhr.« Sonst stand da nichts.
Was hatte Gerald um neun Uhr abends vor? Alix überlegte. Sie lächelte, denn sie sagte sich, wenn das eine Geschichte wäre, eine solche, wie man sie öfter liest, wäre unzweifelhaft mehr darüber aus dem Notizbuch zu entnehmen gewesen. Zumindest hätte es den Namen der anderen Frau enthalten.
Langsam durchblätterte sie auch die zurückliegenden Eintragungen. Es gab Verabredungen, Besprechungstermine, knappe Anmerkungen über Geschäftsabschlüsse, aber nur einen Frauennamen, nämlich ihren eigenen.
Dennoch, als sie das Büchlein in die Tasche steckte und mit ihrem Blumenstrauß ins Haus ging, spürte sie eine leichte Unruhe. Dick Windyfords Worte kamen ihr in den Sinn, als hätte er sie in diesem Moment wiederholt: »Dieser Mann ist ein völlig Fremder für dich. Du weißt überhaupt nichts über ihn.«
Das stimmte. Was wußte sie von ihm? Gerald war immerhin vierzig. In vierzig Jahren mußte eine Frau in seinem Leben eine Rolle gespielt haben...
Alix schüttelte ungeduldig den Kopf. Sie durfte solchen Gedanken keinen Platz einräumen. Sie hatte ein viel brennenderes Problem. Sollte sie ihrem Mann erzählen, daß Dick angerufen hatte, oder nicht? Es war ja möglich, daß Gerald ihn sowieso im Dorf getroffen hatte. In diesem Fall würde er es sicher, sobald er nach Hause kam, erwähnen. Dann wäre die Sache ohne ihr Zutun erledigt. Wenn nicht, was dann? Alix entschied, daß sie lieber nichts sagen würde. Wenn sie ihrem Mann davon erzählte, würde er sicher vorschlagen, Dick einzuladen. Dann müßte sie ihm erklären, daß Dick sich schon selbst einladen wollte, daß sie aber eine Ausrede gebraucht hatte, um sein Kommen zu verhindern. Und wenn Gerald sie dann fragen würde, weshalb sie das getan habe – was sollte sie dann sagen? Ihm ihren Traum erzählen? Er

würde doch nur lachen, oder, was noch schlimmer wäre, er würde sagen, er verstehe nicht, warum sie diesem Traum eine derartige Bedeutung zukommen ließ.
Endlich beschloß Alix, nichts zu erwähnen. Es war das erste Geheimnis, das sie vor ihrem Mann hatte, und sie war nicht glücklich dabei.

Als sie hörte, wie Gerald kurz vor dem Mittagessen aus dem Ort zurückkam, eilte sie in die Küche, und um ihre Verlegenheit zu verbergen, gab sie sich hier sehr beschäftigt. Sie merkte sofort, daß Gerald Dick Windyford nicht getroffen hatte. Alix war erleichtert und beklommen zugleich. Jetzt war sie zur Verschwiegenheit verdammt.
Erst am Abend nach dem Essen, als sie in dem eichengetäfelten Wohnzimmer saßen, fiel Alix das Notizbuch wieder ein.
»Hier hast du etwas, mit dem du die Blumen gegossen hast«, sagte sie und warf es ihm in den Schoß.
»Das habe ich wohl in den Randbeeten verloren, was?«
»Ja. Und jetzt kenne ich alle deine Geheimnisse.«
»Nicht schuldig«, lachte Gerald und schüttelte den Kopf.
»Wie steht's mit deinem Vorhaben heute abend um neun Uhr?«
»Ach, das?« Er schien einen Augenblick etwas überrascht, dann lächelte er, als ob ihm irgend etwas ganz besonderen Spaß machte. »Es ist eine Verabredung mit einem außergewöhnlich netten Mädchen, Alix. Sie hat braunes Haar, blaue Augen und ist dir sehr ähnlich.«
»Ich verstehe nicht«, antwortete Alix mit vorgetäuschter Strenge. »Du weichst mir aus.«
»Nein, das tue ich nicht. Spaß beiseite – ich wollte nur nicht vergessen, heute abend einige Negative zu entwickeln. Ich möchte gern, daß du mir dabei hilfst.«
Gerald Martin war ein begeisterter Fotograf. Er besaß eine altmodische Kamera mit hervorragenden Objektiven und entwickelte seine Filme in einem kleinen Keller selbst, den er als Dunkelkammer eingerichtet hatte.
»Und das muß genau um neun Uhr sein«, neckte ihn Alix.
»Mein liebes Kind«, erwiderte Gerald, und eine Spur Gereiztheit lag in seiner Stimme, »man sollte eine Sache immer für eine ganz bestimmte Zeit planen. Dann erledigt man seine Arbeit ordnungsgemäß.«
Alix saß eine oder zwei Minuten still und beobachtete ihren

Mann, wie er in seinem Sessel lag und rauchte, betrachtete den zurückgeworfenen dunklen Kopf, die klargezeichneten Linien seines glattrasierten Gesichts, die gegen den düsteren Hintergrund abstachen. Und plötzlich, aus heiterem Himmel, überfiel sie eine Welle der Panik, und bevor sie sich zurückhalten konnte, rief sie: »Ach, Gerald! Ich wünschte, ich wüßte mehr über dich!«
Ihr Mann wandte sich ihr mit erstauntem Gesicht zu.
»Aber, meine liebe Alix, du weißt alles über mich. Ich habe dir von meiner Jugendzeit in Northumberland erzählt, von meinem Leben in Südafrika und von den letzten zehn Jahren in Kanada, die mir Erfolg brachten.«
»Ach, Geschäfte«, meinte Alix wegwerfend.
Plötzlich lachte Gerald auf.
»Ich weiß, was du meinst – Liebesgeschichten. Ihr Frauen seid doch alle gleich. Etwas anderes interessiert euch nicht.«
Alix fühlte, wie ihr der Hals trocken wurde, während sie undeutlich murmelte: »Nun, aber es muß doch – Liebesgeschichten gegeben haben. Ich meine, wenn ich nur wüßte...«
Wieder trat minutenlang Stille ein. Unwillig runzelte Gerald Martin die Stirn. Als er zu reden anfing, tat er es ernst und ohne eine Spur seiner vorherigen neckenden Art.
»Alix, hältst du dieses Blaubart-Gehabe für klug? Es gab Frauen in meinem Leben. Ich streite es nicht ab. Du würdest es mir auch sowieso nicht glauben. Aber ich kann dir ehrlich versichern, daß keine von ihnen mir etwas bedeutete.«
Es war eine Aufrichtigkeit in seinem Ton, die Alix beruhigte.
»Zufrieden?« fragte er mit einem Lächeln. Dann blickte er sie mit einem Anflug von Neugierde an. »Wie bist du eigentlich ausgerechnet heute abend auf dieses unerquickliche Thema gekommen?«
Alix stand auf und begann ruhelos hin und her zu laufen.
»Ach, ich weiß es nicht«, antwortete sie. »Ich war schon den ganzen Tag über nervös.«
»Das ist seltsam«, sagte Gerald leise, als spräche er mit sich selbst, »sehr seltsam.«
»Was ist daran seltsam?«
»Aber, mein Liebes, ich habe das nur so gesagt, weil du gewöhnlich ausgeglichen und nett bist.«
»Heute war alles dazu angetan, mich zu verärgern«, beichtete sie.
»Sogar der alte George. Er hatte so eine lächerliche Idee im Kopf,

daß wir nach London fahren würden. Er sagte, du hättest es ihm erzählt.«
»Wo hast du ihn getroffen?« fragte Gerald scharf.
»Er kam statt Freitag schon heute zur Arbeit.«
»Der verdammte alte Dummkopf«, schnauzte Gerald zornig.
Alix blickte ihn überrascht an. Das Gesicht ihres Mannes war vor Wut verzerrt. Niemals vorher hatte sie ihn so aufgebracht gesehen. Als er ihr Erstaunen bemerkte, bemühte er sich, seine Selbstkontrolle wiederzugewinnen.
»Na, er ist auch ein verflixter alter Schwätzer«, knurrte er.
»Was hast du denn zu ihm gesagt, daß er auf solche Ideen kommt?«
»Ich? Ich habe überhaupt nichts gesagt. Wenigstens – ach ja, jetzt erinnere ich mich. Ich habe einen kleinen Witz gemacht und ihm erzählt, daß ich am Morgen nach London fahre. Das hat er wohl ernst genommen. Vielleicht hört er auch nicht mehr richtig. Du hast ihn natürlich aufgeklärt?«
Gespannt wartete er auf ihre Antwort.
»Sicher. Aber er ist einer von der Sorte alter Männer, die sich von einer Idee nicht mehr abbringen lassen.«
Dann erzählte sie Gerald von Georges Behauptung, das Haus habe nur zweitausend Pfund gekostet.
Gerald war einen Augenblick still, dann sagte er langsam:
»Ames war gewillt, zweitausend Pfund in bar und den Rest in Pfandbriefen zu nehmen. Ich nehme an, daß er das durcheinandergebracht hat.«
»Wahrscheinlich«, stimmte Alix zu.
Dann blickte sie auf die Uhr.
»Wir sollten anfangen, Gerald. Fünf Minuten Verspätung!«
Ein undefinierbares Lächeln trat in sein Gesicht.
»Ich habe es mir heute anders überlegt«, antwortete er ruhig. »Ich werde heute abend keine Bilder mehr entwickeln.«
Die Gedanken einer Frau sind eine seltsame Sache. Als Alix an diesem Mittwoch abend zu Bett ging, war sie ruhig und mit sich zufrieden. Der Ärger war vergessen und ihr Glück ungetrübt wie eh und je.
Aber am Abend des folgenden Tages spürte sie, daß irgendwelche Kräfte wieder daran waren, dieses Gefühl des Glücks zu unterminieren. Dick Windyford hatte nicht noch einmal angerufen. Trotzdem führte sie ihre Unruhe auf seinen Aufenthalt im Dorf zurück. Immer und immer wieder kamen ihr seine Worte in

den Sinn: »Dieser Mann ist ein völlig Fremder. Du weißt überhaupt nichts über ihn.« Und sie sah ihren Mann wieder vor sich, wie er sagte. »Alix, hältst du dieses Blaubart-Gehabe für klug?« Weshalb hatte er das gesagt? Eine Warnung hatte in diesen Worten gelegen – ein Anflug von Drohung, so als wollte er sagen: »Schnüffle nicht in meiner Vergangenheit, Alix, sonst kannst du eine peinliche Überraschung erleben.«
Bis Freitag morgen hatte sich Alix eingeredet, daß es tatsächlich eine Frau in Geralds Leben gegeben hatte, eine Affäre, die er eifrig vor ihr zu verbergen versuchte. Ihre Eifersucht kannte keine Grenzen.
War es eine Frau, die er neulich abends um neun Uhr treffen wollte? War seine Geschichte, Negative entwickeln zu wollen, eine Notlüge, die er aus dem Augenblick heraus erdacht hatte? Vor drei Tagen noch hätte sie geschworen, daß sie ihren Mann durch und durch kannte. Jetzt hatte sie das Gefühl, daß er ein Fremder war, über den sie nichts wußte. Sie erinnerte sich an seinen Ärger über den alten George. So aufgebracht war er noch nie gewesen. Eine Kleinigkeit, vielleicht, aber sie zeigte ihr, daß sie den Mann, mit dem sie verheiratet war, nicht wirklich kannte.
Am Freitag mußten verschiedene Kleinigkeiten aus dem Dorf besorgt werden. Am Nachmittag schlug Alix vor, daß sie dies erledigen werde; Gerald könne im Garten bleiben. Aber zu ihrer Verwunderung war er damit nicht einverstanden und erklärte eigensinnig, daß er sich um die Sachen kümmern werde, und daß sie zu Hause bleiben solle.
Alix gab nach, aber seine Beharrlichkeit erstaunte und alarmierte sie. Weshalb wollte er so ängstlich vermeiden, daß sie ins Dorf ging?
Plötzlich fiel ihr eine Erklärung dafür ein. War es nicht möglich, daß er Dick Windyford getroffen hatte, ohne ihr etwas davon zu sagen? Als sie heirateten, war Alix nicht eifersüchtig gewesen. Und jetzt? – Konnte es mit Gerald nicht das gleiche sein? Vielleicht wollte er nur verhindern, daß sie Dick wiedersah? Diese Erklärung war so einleuchtend, und sie hatte etwas so Tröstliches, daß Alix sich nur zu gern daran klammerte.
Aber später, nach dem Tee, war sie wiederum ruhelos und nervös. Sie kämpfte mit einer Versuchung, die sie seit Geralds Weggehen verspürte. Zu guter Letzt, als sie sich lange genug eingeredet hatte, daß das Ankleidezimmer ihres Mannes eine

gründliche Reinigung nötig habe, ging sie mit einem Staubtuch hinauf. »Wenn ich nur sicher wäre«, wiederholte sie immer wieder, »wenn ich nur ganz sicher wäre!«
Vergeblich versuchte sie, sich davon zu überzeugen, daß alles, was kompromittierend sein könnte, gewiß schon vor Jahren vernichtet worden war. Dagegen wiederum argumentierte sie, daß Männer oft die verrücktesten Beweisstücke aus übertriebener Sentimentalität aufbewahrten.
Am Ende unterlag der letzte Widerstand in Alix. Ihre Wangen brannten vor Scham über ihr Tun, während sie atemlos in gebündelten Briefpäckchen und Dokumenten wühlte, die Schubladen herauszog und sogar die Taschen der Anzüge ihres Mannes durchstöberte. Nur zwei Schubladen machten ihr einen Strich durch die Rechnung. Die unterste der Kommode und eine schmale Lade rechts im Schreibtisch waren verschlossen. Aber inzwischen hatte Alix jede Hemmung verloren. Sie war nun fest überzeugt, in einem dieser beiden Fächer Beweise für die Existenz dieser eingebildeten Frau aus der Vergangenheit zu finden, die ihr im Kopf herumspukte.
Ihr fiel ein, daß Gerald seine Schlüssel achtlos unten auf die Anrichte gelegt hatte. Sie holte sie und probierte einen nach dem anderen aus. Der dritte paßte für das Schreibtischfach. Begierig öffnete Alix. Sie fand ein Scheckbuch und eine prall mit Geldnoten gefüllte Brieftasche und dann, ganz hinten, ein Bündel Briefe, säuberlich mit einem Band zusammengeschnürt. Ihr Herz klopfte zum Zerspringen, als sie das Band löste.
Brennende Schamröte übergoß ihr Gesicht, und sie ließ das Bündel zurück in die Schublade fallen, schob sie zu und verschloß sie wieder. Es waren die Briefe, die sie vor ihrer Hochzeit an Gerald geschrieben hatte.
Sie wandte sich jetzt der Kommode zu, mehr aus dem Gefühl heraus, nichts auslassen zu wollen, als in der Erwartung, etwas zu entdecken. Ärgerlich stellte sie fest, daß keiner der Schlüssel von Geralds Bund paßte. Sie ging in ein anderes Zimmer und kam mit einer Auswahl kleiner Schlüssel zurück. Befriedigt fand sie heraus, daß ein Reserveschlüssel vom Kleiderschrank paßte. Sie schloß die Schublade auf und zog sie heraus. Was sie fand, war nichts als eine Rolle Zeitungsausschnitte, die durch die Zeit bereits verschmutzt und vergilbt waren.
Ein Seufzer der Erleichterung entfuhr Alix. Nichtsdestoweniger las sie die Ausschnitte. Sie war neugierig, was Gerald so sehr

interessiert haben könnte, daß er diese vergilbte Zeitungsrolle aufbewahrt hatte. Es waren fast alles amerikanische Zeitungen, beinahe sieben Jahre alt, die von einem notorischen Schwindler und Bigamisten, Charles Lemaitre, handelten. Lemaitre war verdächtigt, seine Frauen beiseite gebracht zu haben. Unter dem Fußboden in einem der Häuser, die er gemietet hatte, war ein Skelett gefunden worden, und die meisten Frauen, die er »geheiratet« hatte, waren wie vom Erdboden verschwunden.

Er hatte sich mit außerordentlicher Geschicklichkeit verteidigt und wurde dabei von einem der besten Anwälte der Vereinigten Staaten unterstützt. Das Urteil »Freispruch mangels Beweisen« mochte vielleicht diesen Fall am besten charakterisiert haben. Jedenfalls wurde er, was die Hauptanklage betraf, für nicht schuldig erklärt. Für andere Delikte, die ihm zur Last gelegt wurden, erhielt er eine längere Gefängnisstrafe.

Alix erinnerte sich an die Aufregung, die dieser Prozeß seinerzeit verursacht hatte, und auch an die Sensation, als es Lemaitre nach ungefähr drei Jahren gelungen war, auszubrechen. Er wurde niemals wieder gefaßt. Die Persönlichkeit dieses Mannes und seine außergewöhnliche Macht über Frauen war ausführlich in der englischen Presse diskutiert worden. Auch seine Reizbarkeit vor Gericht, seine leidenschaftlichen Proteste und seine manchmal auftretenden physischen Zusammenbrüche, die er seines schwachen Herzens wegen erlitt, wurden eingehend besprochen.

In einem der Zeitungsausschnitte war ein Bild von ihm, und Alix betrachtete es mit Interesse. Ein Herr mit Vollbart, der etwas Schulmeisterhaftes an sich hatte.

An wen erinnerte sie dieses Gesicht nur? Plötzlich wurde es ihr mit Schrecken bewußt: an Gerald selbst. Seine und dieses Mannes Augen und Stirn hatten eine Ähnlichkeit, die nicht zu übersehen war. Vielleicht hatte er die Ausschnitte deswegen aufgehoben? Ihr Blick ging weiter zur Bildunterschrift. In dem Notizbuch des Angeklagten waren gewisse Daten gefunden worden, und man war überzeugt, daß es die Daten waren, an denen er seine Opfer umgebracht hatte. Und dann war da noch von einer Frau die Rede, die den Verhafteten durch die Tatsache identifiziert hatte, daß er am linken Handgelenk ein Muttermal hatte, genau über der Innenfläche seiner Hand.

Alix ließ das Papier zu Boden fallen. Sie schwankte. Ihr Mann hatte an der gleichen Stelle eine Narbe.

Später wunderte sie sich darüber, daß sie sofort so überzeugt gewesen war. Gerald Martin war Charles Lemaitre. Sie fühlte es. Nein, sie wußte es jetzt. Gedankenfetzen jagten durch ihr Gehirn wie Teile eines Puzzlespiels, die sich zusammenordneten. Das Geld für das Haus, ihr Geld. Die Pfandbriefe, die sie auf seinen Namen eingetragen hatte. Sogar ihr Traum erschien ihr in seiner wirklichen Bedeutung. Ihr Unterbewußtsein hatte sich immer vor Gerald gefürchtet und hatte versucht, sich von ihm freizumachen. Es war Dick Windyford gewesen, an den sich ihr Unterbewußtsein um Hilfe gewandt hatte. Das war es auch, weshalb sie die Wahrheit so schnell erkannt hatte. Ohne Zweifel sollte sie das nächste Opfer Lemaitres werden.

Ein dünner Schrei entrang sich ihren Lippen. *Mittwoch um neun Uhr.* Der Keller mit seinen Steinplatten, die man so leicht hochheben konnte! Schon einmal hatte er sein Opfer in einem Keller vergraben. Es war alles vorausgeplant gewesen für Mittwoch abend. Aber es noch niederzuschreiben – ein Wahnsinn!

Nein, das war ja logisch. Gerald machte sich stets Notizen über seine Verabredungen. Mord war für ihn ein Geschäft wie alles andere. Aber wie war sie nur davongekommen? Was hatte sie geschützt? In letzter Minute hatte er umdisponiert...

Wie ein Blitz kam ihr die Antwort: der alte George!

Jetzt verstand sie den offenen Zorn ihres Mannes. Zweifellos hatte er sich den Weg geebnet, indem er jedem erzählt hatte, daß sie am nächsten Tag nach London fahren würden. Dann war George unerwartet zur Arbeit gekommen, hatte London ihr gegenüber erwähnt, und sie hatte die Geschichte richtiggestellt. Es war zu riskant gewesen, sie an diesem Abend zu beseitigen. Wenn sie diese triviale Geschichte nicht erwähnt hätte! Alix schauderte.

Aber sie hatte keine Zeit zu verlieren. Sie mußte gehen, bevor er zurückkam. Eilig legte sie die Zeitungsausschnitte in das Fach zurück und verschloß es. Dann stand sie bewegungslos da, wie zu Stein erstarrt. Sie hatte das Quietschen des Gartentors gehört. Ihr Mann war bereits zu Hause.

Einen Augenblick blieb sie starr vor Schreck, dann schlich sie auf Zehenspitzen ans Fenster, versteckte sich hinter den Gardinen und sah hinaus.

Ja, es war Gerald. Er lächelte und summte eine kleine Melodie. In seiner Hand hielt er etwas, das der entsetzten Frau das Herz

stillstehen ließ: es war ein nagelneuer Spaten. Instinktiv kam Alix zu der Gewißheit, es würde heute abend sein.
Aber noch hatte sie eine Chance. Summend ging Gerald um das Haus herum zur Rückseite. Ohne einen Moment zu zögern, rannte sie die Treppe hinunter und aus dem Haus. Doch als sie gerade aus der Tür kam, erschien ihr Mann von der anderen Seite.
»Hallo«, rief er. »Wohin läufst du so eilig?«
Alix bemühte sich verzweifelt, ruhig und unauffällig zu erscheinen. Ihre Chance war für den Augenblick verpatzt, aber wenn sie vorsichtig war und seinen Verdacht nicht erregte, konnte noch alles gutgehen.
»Ich wollte ein bißchen spazierengehen«, sagte sie. Aber ihre Stimme war schwach und klang nicht überzeugend.
»Fein«, sagte Gerald, »ich komme mit.«
»Nein, bitte, Gerald. Ich bin nervös. Ich habe Kopfschmerzen und möchte lieber allein sein.«
Besorgt sah er sie an. Sie bildete sich sofort ein, daß in seinen Augen Verdacht aufglomm.
»Was ist los mit dir, Alix? Du bist blaß, und du zitterst ja.«
»Nichts.« Sie zwang sich zu einem Lächeln. »Ich habe Kopfschmerzen, das ist alles. Ein wenig frische Luft wird mir guttun.«
»Aber es ist nicht schön von dir, zu sagen, du möchtest mich nicht dabei haben«, erklärte Gerald mit einem leichten Lachen. »Ich gehe mit, ob du willst oder nicht.«
Sie wagte nicht, weiter zu protestieren. Falls er Verdacht schöpfte, daß sie wußte...
Mit Mühe gelang es ihr, sich unbefangen zu geben. Dennoch hatte sie das unbehagliche Gefühl, daß er sie von Zeit zu Zeit verstohlen betrachtete, als wenn er nicht ganz zufrieden wäre.
Als sie nach Hause zurückkehrten, bestand er darauf, daß sie sich hinlegte. Er spielte, wie immer, den besorgten Ehemann, brachte Eau der Cologne und rieb ihr damit Stirn und Schläfen ein. Alix fühlte sich so hilflos, als wäre sie in eine Falle geraten.
Nicht eine Minute ließ er sie allein. Er ging mit ihr in die Küche und half ihr, die kalte Platte hereinzutragen, die sie schon vorbereitet hatte. Sie würgte die Bissen hinunter und zwang sich, fröhlich und natürlich zu wirken. Sie wußte jetzt, daß sie um ihr Leben kämpfte. Sie war allein mit diesem Mann, meilenweit von jeder Hilfe entfernt. Sie war völlig in seiner Gewalt. Ihre einzige Chance lag darin, sein Mißtrauen zu zerstreuen. Vielleicht ließ er

sie ein paar Minuten allein, wenigstens so lange, daß sie in die Diele gehen und Hilfe herbeitelefonieren konnte. Das war jetzt ihre einzige Hoffnung.
Plötzlich erinnerte sie sich, daß er seinen Plan schon einmal geändert hatte. Angenommen, sie erzählte ihm, daß Dick Windyford heute abend kommen werde?
Die Worte lagen ihr schon auf der Zunge, aber sie schwieg. Diesen Mann konnte man ein zweites Mal nicht von seinem Vorhaben abhalten. Seine Entschlossenheit hatte etwas Beängstigendes an sich. Sie würde das Verbrechen nur noch beschleunigen. Wahrscheinlich würde er sie dann gleich umbringen und Dick Windyford anrufen, um ihm irgendeine Geschichte zu erzählen, die ihn entschuldigte.
Ach, wenn nur Dick Windyford heute abend käme!
Plötzlich hatte sie eine Idee. Sie blinzelte verstohlen zu ihrem Mann hinüber, als hätte sie Angst, daß er ihre Gedanken erraten könnte. Während sie sich ihren Plan zurechtlegte, schöpfte sie wieder Hoffnung. Sie benahm sich jetzt so ungezwungen und natürlich, daß sie sich selbst bewunderte. Sie machte Kaffee und trug ihn auf die Veranda hinaus, wo sie manchmal an schönen Abenden saßen.
»Übrigens«, sagte Gerald plötzlich, »ich möchte, daß du mir nachher hilfst, einige Negative zu entwickeln.«
Alix spürte einen kalten Schauder ihren Rücken hinunterlaufen. Aber es gelang ihr, gleichgültig zu fragen:
»Kannst du das nicht allein? Ich bin heute abend wirklich etwas müde.«
»Es wird nicht lange dauern.« Er lächelte maliziös. »Und ich kann dir versichern, daß du danach überhaupt nicht mehr müde sein wirst.«
Die Worte schienen ihn zu amüsieren. Alix zitterte. Jetzt oder nie war der Zeitpunkt gekommen, wo sie ihren Plan ausführen mußte. Sie erhob sich.
»Ich rufe nur rasch den Metzger an«, meinte sie leichthin.
»Den Metzger? Um diese Zeit?«
»Sein Geschäft ist natürlich geschlossen, Dummerchen. Aber er ist sicher zu Hause. Morgen ist Sonnabend, und ich möchte, daß er mir ein paar Kalbskoteletts bringt, bevor sie mir jemand vor der Nase wegschnappt. Der Gute tut alles für mich.«
Rasch ging sie ins Haus und schloß die Tür hinter sich. Sie hörte, wie Gerald ihr nachrief: »Laß die Tür offen!«

»Ich will nicht, daß die Nachtfalter hereinkommen«, sagte sie rasch. »Ich kann sie nicht ausstehen.« Dann fügte sie hinzu: »Hast du Angst, ich flirte mit dem Metzger, mein Lieber?«
Kaum drinnen, wählte sie die Nummer vom Gasthaus »Traveller's Arms«. Augenblicklich war die Verbindung hergestellt.
»Mr. Windyford, bitte. Ist er noch da? Kann ich mit ihm sprechen?«
Dann blieb ihr Herz stehen. Die Tür wurde aufgestoßen, und ihr Mann kam in die Diele.
»Geh weg, Gerald«, sagte sie empfindlich, »ich mag nicht, wenn man mir beim Telefonieren zuhört.«
Er lachte nur und ließ sich auf einem Stuhl nieder.
»Ist das wirklich der Metzger, den du anrufst?« fragte er spöttisch.
Alix war verzweifelt. Ihr Plan war schiefgegangen. Im nächsten Moment würde Dick Windyford an den Apparat kommen. Sollte sie es wagen und um Hilfe rufen?
Und dann, während sie nervös den kleinen Schlüssel am Apparat, mit dem man ein Gespräch beliebig unterbrechen konnte, hin und her drehte, fiel ihr ein anderer Plan ein.
Es wird schwierig sein, sagte sie sich. Es bedeutet, daß ich den Kopf nicht verliere, die richtigen Worte wähle und nicht stottere. Aber ich glaube, ich schaffe es. Ich muß es schaffen!
Und in diesem Augenblick hörte sie Dick Windyfords Stimme am anderen Ende der Leitung.
Alix holte tief Luft, dann drehte sie den Schlüssel und sprach.
»Hier ist Mrs. Martin, Haus Nachtigall. Bitte, kommen Sie« – sie drehte den Schlüssel um – »morgen früh mit sechs Kalbskoteletts.« Sie drehte den Schlüssel. »Vielen Dank, Mr. Hexworthy. Entschuldigen Sie, wenn ich so spät noch angerufen habe, aber die Koteletts sind wirklich« – wieder Drehen – »eine Sache von Leben und Tod.« Schlüsseldrehen. »Gut, morgen früh.« Schlüsseldrehen. »So schnell wie möglich.«
Sie legte den Hörer auf und wandte sich ihrem Mann zu.
»So redest du also mit deinem Metzger«, sagte Gerald.
»Das ist weibliche List«, erwiderte Alix leichthin.
Die Aufregung brachte sie halb um. Er hatte nichts gemerkt. Selbst wenn Dick sie nicht verstanden hatte – kommen würde er jedenfalls.
Sie ging hinüber ins Wohnzimmer und schaltete das elektrische Licht ein. Gerald folgte ihr.

»Du scheinst wieder bester Laune zu sein«, sagte er und beobachtete sie gespannt.
»Ja«, entgegnete sie, »meine Kopfschmerzen sind vergangen.«
Sie setzte sich in ihren Sessel und lächelte ihrem Mann zu, als er ihr gegenüber Platz nahm. Sie war gerettet. Es war erst fünfundzwanzig Minuten nach acht. Lange vor neun würde Dick kommen.
»Der Kaffee, den du mir serviert hast, hat mir nicht geschmeckt«, beschwerte sich Gerald. »Er war bitter.«
»Ich habe eine neue Sorte ausprobiert. Ich werde ihn nicht mehr nehmen, wenn du ihn nicht magst, Liebling.«
Alix nahm sich eine Handarbeit und begann zu sticken. Gerald las ein paar Seiten in seinem Buch, dann blickte er zur Uhr und legte es weg.
»Halb neun. Zeit, um in den Keller zu gehen und mit der Arbeit anzufangen.«
Die Handarbeit fiel Alix aus den Händen.
»Oh, noch nicht. Laß uns bis neun warten.«
»Nein, mein Kind. Halb neun. Diese Zeit habe ich mir vorgenommen. Um so früher kannst du zu Bett gehen.«
»Aber ich möchte lieber bis neun Uhr warten.«
»Du weißt, wenn ich eine Zeit festsetze, halte ich mich daran. Komm, Alix. Ich werde keine Minute länger warten.«
Alix blickte zu ihm auf, und sosehr sie sich auch dagegen wehrte, eine Welle des Entsetzens durchflutete sie. Die Maske war gefallen. Gerald zupfte an seinen Fingern. Seine Augen leuchteten vor Aufregung. Immer wieder fuhr er mit der Zunge über seine trockenen Lippen. Jetzt machte er sich nicht mehr die Mühe, seine Erregung zu verbergen.
Alix dachte: Es ist wahr. Er kann es nicht abwarten. Er benimmt sich wie ein Wahnsinniger.
Er kam auf sie zu und berührte ihre Schulter. Sie sprang auf.
»Komm, mein Schatz. Oder ich werde dich tragen.«
Seine Stimme klang fröhlich, aber eine unmißverständliche Grausamkeit schwang im Unterton mit. Mit letzter Kraft machte sie sich frei und hielt sich kauernd an der Wand fest. Sie war machtlos. Sie konnte nicht weglaufen. Sie konnte überhaupt nichts tun. Und er kam immer näher.
»Also, Alix...«
»Nein – nein!« Sie schrie. Kraftlos streckte sie ihre Hände aus, um ihn abzuhalten.

»Gerald, halt ein. Ich muß dir etwas sagen, etwas beichten!«
»Beichten?« fragte er neugierig.
»Ja, beichten.« Sie hatte dieses Wort aufs Geratewohl gewählt. Verzweifelt redete sie weiter und versuchte, damit seine Aufmerksamkeit zu fesseln.
»Ein ehemaliger Liebhaber, nehme ich an«, sagte er höhnisch.
»Nein«, antwortete Alix. »Etwas anderes. Man nennt es – ich glaube, man nennt es ein Verbrechen.«
Sofort merkte sie, daß sie den richtigen Ton angeschlagen hatte. Instinktiv hörte er ihr zu. Als sie das fühlte, beruhigten sich ihre Nerven etwas. Noch hatte sie eine Chance. Sie ging durch das Zimmer und setzte sich wieder in ihren Sessel.
»Du solltest dich auch lieber hinsetzen«, sagte sie leise.
Sogar ihre Handarbeit hatte sie wiederaufgenommen. Aber ihre Ruhe war auch nur eine Fassade. Sie mußte eine Geschichte erfinden, die ihn fesselte, bis Hilfe kam.
»Ich erzählte dir«, begann sie, »daß ich fünfzehn Jahre lang als Stenotypistin gearbeitet habe. Das ist nicht ganz die Wahrheit. Es gab zwei Unterbrechungen. Die erste passierte, als ich zweiundzwanzig Jahre alt war. Ich begegnete einem Mann, einem älteren Herrn, der ein wenig Besitz hatte. Er verliebte sich in mich und wollte mich zur Frau. Ich sagte zu, und wir heirateten.« Sie machte eine kleine Pause. – »Ich brachte ihn dazu, eine Lebensversicherung zu meinen Gunsten abzuschließen.«
Alix sah das außerordentliche Interesse im Gesicht ihres Mannes und fuhr mit neuer Sicherheit fort.
»Während des Krieges arbeitete ich in der Arzneimittelabteilung eines Krankenhauses. Ich hatte dort die Verwaltung von Medikamenten und Giften unter mir.«
Wieder unterbrach sie sich. Jetzt hatte sie ihn gepackt. Daran bestand kein Zweifel. Mörder haben Interesse an Mordgeschichten. Sie hatte damit gerechnet und Erfolg gehabt. Verstohlen blickte sie auf die Uhr. Es war fünfundzwanzig Minuten vor neun.
»Es gibt ein Gift – so ein kleines weißes Pulver. Eine Prise davon bringt den Tod. Kennst du dich vielleicht ein wenig mit Giften aus?«
Sie bebte, als sie diese Frage stellte. Wenn er mit Giften Bescheid wußte, mußte sie auf der Hut sein.
»Nein«, antwortete Gerald. »Ich weiß sehr wenig davon.«
Ein Seufzer der Erleichterung kam über ihre Lippen.

»Du hast sicher schon einmal etwas von Hyoszamin gehört? Das Gift, von dem ich spreche, hat die gleiche Wirkung, nur ist es absolut unnachweisbar. Jeder Arzt würde den Totenschein auf Herzschlag ausstellen. Ich habe ein kleines Quantum davon gestohlen und aufbewahrt.«

Sie schwieg und ordnete ihre Gedanken.

»Weiter!« befahl Gerald.

»Nein. Ich habe Angst. Ich kann es dir nicht sagen. Ein andermal.«

»Jetzt«, rief er ungehalten. »Ich will es jetzt hören!«

»Wir waren einen Monat lang verheiratet. Ich war sehr gut zu meinem Mann. Er rühmte mich bei allen Nachbarn. Jeden Abend bereitete ich ihm seinen Kaffee. Eines Abends, als wir allein waren, streute ich eine Prise des tödlichen Alkaloids in seine Tasse.«

Wieder machte Alix eine Pause und fädelte sorgfältig einen neuen Faden in ihre Nadel. Sie, die niemals schauspielern konnte, überflügelte jetzt die größten Mimen der Welt. Sie lebte ihre Rolle als kaltblütige Giftmischerin.

»Es war sehr friedlich. Ich saß und beobachtete ihn. Nur einmal hat er ein wenig nach Luft geschnappt. Ich öffnete die Fenster. Er sagte, er könne nicht mehr vom Stuhl aufstehen. Dann starb er.«

Sie lächelte. Es war nur noch eine Viertelstunde bis neun Uhr. Gewiß würde Dick jeden Augenblick hier sein.

»Wie hoch war die Versicherungssumme?« erkundigte sich Gerald.

»Ungefähr zweitausend Pfund. Ich habe damit spekuliert und das Geld verloren. Ich ging wieder ins Büro. Aber nicht lange. Dann lernte ich einen anderen Mann kennen. Ich hatte im Geschäft meinen Mädchennamen behalten, daher wußte er nicht, daß ich schon einmal verheiratet war. Er war jung, sah gut aus und war ganz gut situiert. Wir haben in aller Stille in Sussex geheiratet. Er wollte keine Lebensversicherung abschließen. Aber er hat natürlich ein Testament zu meinen Gunsten gemacht. Er liebte es, daß ich ihm seinen Kaffee selbst zubereitete, genau wie mein erster Mann.«

Alix lächelte nachdenklich und fügte dann schlicht hinzu: »Ich mache einen sehr guten Kaffee.«

Dann fuhr sie fort:

»Ich hatte einige Freunde im Dorf, in dem wir lebten. Sie

bemitleideten mich sehr, daß mein Mann so plötzlich einem Herzschlag erlag. Der Arzt war mir unsympathisch. Ich glaube zwar nicht, daß er mich verdächtigte, aber er war jedenfalls über den plötzlichen Tod meines Mannes sehr überrascht.
Ich weiß nicht genau, weshalb ich wieder in mein Büro zurückging. Gewohnheit, wahrscheinlich. Mein zweiter Mann hinterließ viertausend Pfund. Diesmal spekulierte ich nicht. Ich investierte es. Und dann, na, du weißt ja –«
Aber sie wurde unterbrochen. Gerald Martin, hochrot im Gesicht, halb erstickt, deutete mit dem Zeigefinger auf sie.
»Der Kaffee! Mein Gott, der Kaffee!«
Sie blickte ihn starr an.
»Ich weiß jetzt, warum er so bitter war. Du Teufelin! Du hast deinen Trick zum dritten Mal angewendet!«
Seine Hände umklammerten die Armlehnen seines Sessels. Er war nahe daran, sich auf sie zu stürzen.
»Du hast mich vergiftet!«
Alix war vor ihm zum Kamin zurückgewichen. Sie wollte schon die Lippen öffnen, um es abzustreiten, dann hielt sie ein. Jede Sekunde würde er sie anspringen. Sie nahm all ihre Kraft zusammen. Ihre Augen hielten seinem Blick stand.
»Ja«, sagte sie, »ich habe dich vergiftet. Das Gift wirkt schon. Du kannst schon nicht mehr aus dem Sessel aufstehen. Du kannst dich nicht mehr bewegen.«
Nur noch ein paar Minuten!
Da. Was war das? Schritte auf der Straße. Das Quietschen des Gartentors. Dann Schritte auf dem Weg zum Haus. Die äußere Tür öffnete sich.
»Du kannst dich nicht bewegen«, wiederholte sie.
Dann schlüpfte sie an ihm vorbei und flüchtete kopfüber aus dem Zimmer. Ohnmächtig fiel sie in die Arme von Dick Windyford.
»Mein Gott, Alix!« rief er aus.
Dann wandte er sich an den Mann neben ihm, eine große, kräftige Gestalt in Polizeiuniform.
»Sehen Sie nach, was passiert ist!«
Er legte Alix behutsam auf eine Couch und beugte sich über sie.
»Mein kleines Mädchen«, murmelte er, »mein armes kleines Mädchen. Was haben sie mit dir gemacht?«
Ihre Lider zuckten, und ihre Lippen murmelten seinen Namen.
Dick fuhr hoch, als der Polizist seinen Arm berührte.
»In dem Zimmer ist nichts, Sir, außer einem Mann, der in einem

Sessel sitzt. Es sieht aus, als hätte er einen schweren Schock erlitten, und...«
»Und?«
»Nun, Sir, er ist tot.«
Sie waren überrascht, als sie Alix' Stimme hörten. Sie sprach wie im Traum; ihre Augen waren noch geschlossen.
»Und dann«, sagte sie, als ob sie etwas zitierte, »starb er.«

Die spanische Truhe

Pünktlich auf die Minute, wie immer, betrat Hercule Poirot den kleinen Raum, wo Miss Lemon, seine tüchtige Sekretärin, ihre Instruktionen für den Tag erwartete.
Auf den ersten Blick schien Miss Lemon gänzlich aus Kanten und Winkeln zu bestehen und befriedigte somit Poirots Bedürfnis nach Symmetrie.
Womit jedoch nicht gesagt sein soll, daß Poirot sich sonst bei Frauen von seiner Leidenschaft für geometrische Präzision beherrschen ließ. Im Gegenteil, er war altmodisch und hatte eine kontinentale Vorliebe für Kurven – ja sogar für üppige Kurven. Frauen sollten in seinen Augen Frauen sein. Er liebte sie wohlgerundet, farbenprächtig, exotisch.
Doch Miss Lemon hatte er nie als Frau betrachtet. Sie war eine menschliche Maschine – ein Präzisionsinstrument. Von nahezu erschreckender Tüchtigkeit. Sie war achtundvierzig Jahre alt und besaß auch nicht die geringste Spur von Phantasie.
»Guten Morgen, Miss Lemon.«
»Guten Morgen, Monsieur Poirot.«
Poirot setzte sich hin, und Miss Lemon legte die sorgfältig nach Kategorien geordnete Morgenpost vor ihn auf den Tisch. Dann nahm sie wieder Platz und saß mit gezücktem Bleistift und aufgeschlagenem Stenogrammblock erwartungsvoll da.
Aber dieser Morgen sollte eine leichte Änderung in der gewohnten Routine bringen. Poirot hatte die Morgenzeitung bei sich, und sein Blick glitt voller Interesse über die großen, fetten Schlagzeilen. DAS GEHEIMNIS DER SPANISCHEN TRUHE. NEUESTE ENTHÜLLUNGEN.
»Sie haben gewiß die Morgenzeitungen gelesen, Miss Lemon?«
»Ja, Monsieur Poirot. Die Nachrichten aus Genf klingen nicht sehr gut.«
Mit einer umfassenden Handbewegung fegte Poirot die Nachrichten aus Genf beiseite.
»Eine spanische Truhe«, sagte er sinnend vor sich hin. »Können Sie mir verraten, Miss Lemon, was man eigentlich unter einer

spanischen Truhe versteckt.«
»Ich nehme an, Monsieur Poirot, daß es eine Truhe ist, die ursprünglich aus Spanien stammte.«
»Das sollte man vernunftgemäß annehmen. Sie besitzen also auch keine genaueren Kenntnisse?«
»Diese Truhen stammen gewöhnlich aus der Elisabethanischen Zeit, glaube ich. Sie sind geräumig und reichlich mit Messingbeschlägen verziert. Wenn sie gut gepflegt und poliert werden, sehen sie recht nett aus. Meine Schwester hat eine solche Truhe bei einer Auktion erstanden und bewahrt Leinenwäsche darin auf.«
»Ich bin überzeugt, daß in einem Haus, das einer Ihrer Schwestern gehört, alles Mobiliar tadellos gepflegt ist«, erklärte Poirot mit einer galanten Verbeugung.
Dann blickte er wieder in die Zeitung und studierte die Namen; Major Rich, Mr. und Mrs. Clayton, Commander McLaren, Mr. und Mrs. Spence. Namen, nichts weiter als Namen für ihn. Und doch waren sie alle menschliche Individuen, besessen von Haß, Liebe, Furcht. Ein Drama, in dem er, Hercule Poirot, keine Rolle spielte. Dabei hätte er sich so gern damit befaßt. Sechs Menschen auf einer Abendgesellschaft, in einem Raum mit einer großen spanischen Truhe an der Wand, sechs Menschen, von denen fünf schwatzten, schmausten, Schallplatten auflegten, tanzten, und der sechste tot war, *tot in der spanischen Truhe*...
Ach, seufzte Poirot. Was für einen Spaß mein lieber Freund Hastings an diesem Problem gehabt hätte! Die Sprünge, die seine romantische Phantasie gemacht haben würde! Was für Torheiten er geäußert hätte! Ah, *ce cher Hastings*, wie sehr ich ihn in diesem Augenblick vermisse...
Sein Blick wanderte zu Miss Lemon hinüber. Miss Lemon, die klugerweise merkte, daß Poirot nicht in der Stimmung war, Briefe zu diktieren, hatte die Schutzhülle von ihrer Schreibmaschine genommen und wartete auf den Moment, wo sie mit ihrer gestern liegengebliebenen Arbeit fortfahren konnte. Nichts hätte sie weniger interessieren können als unheimliche spanische Truhen, die Leichen enthielten.
Abermals seufzend blickte Poirot auf ein Porträtfoto hinab. Zeitungsreproduktionen waren nie besonders gut, und diese Aufnahme war entschieden verschmiert – aber was für ein Gesicht! *Mrs. Clayton, die Gattin des Ermordeten*...
Einer plötzlichen Eingebung folgend, schob er Miss Lemon die

Zeitung hin.

»Sehen Sie mal«, gebot er. »Betrachten Sie einmal dieses Gesicht.«

Miss Lemon leistete gehorsam und emotionslos seiner Aufforderung Folge.

»Was halten Sie von ihr, Miss Lemon? Das ist Mrs. Clayton.«

Miss Lemon warf noch einen zweiten gleichgültigen Blick auf das Bild und bemerkte dann:

»Sie ähnelt ein wenig der Frau unseres Bankdirektors in Croydon Heath.«

»Interessant«, meinte Poirot. »Seien Sie doch so gut und erzählen Sie mir etwas über diese Bankdirektorsfrau.«

»Nun, es ist eigentlich keine sehr angenehme Geschichte, Monsieur Poirot.«

»Das habe ich mir bereits gedacht. Fahren Sie bitte fort.«

»Es gab viel Gerede – über Mrs. Adams und einen jungen Künstler. Dann erschoß Mr. Adams sich. Aber Mrs. Adams wollte den anderen Mann nicht heiraten, und er versuchte, sich zu vergiften, wurde jedoch gerettet. Schließlich heiratete Mrs. Adams einen jungen Rechtsanwalt. Es folgten weitere Unannehmlichkeiten, glaube ich. Aber um die Zeit hatten wir Croydon Heath bereits verlassen, und ich habe nicht mehr viel darüber gehört.«

Hercule Poirot nickte ernst. »Sie war wohl sehr schön, ja?«

»Nun, schön im eigentlichen Sinne wohl nicht. Aber sie schien etwas an sich zu haben...«

»Ganz richtig. Was ist dieses gewisse Etwas, das sie besitzen – die Sirenen dieser Welt? Frauen wie die schöne Helena, Kleopatra...?«

Miss Lemon schob energisch einen Bogen Papier in ihre Maschine.

»Wirklich, Monsieur Poirot, darüber habe ich nie nachgedacht. Es erscheint mir alles sehr töricht. Wenn die Menschen sich nur an ihre Arbeit halten und über solche Dinge nicht nachdenken wollten, wäre alles viel besser.«

Nachdem Miss Lemon menschliche Schwächen und Leidenschaften auf diese Weise kategorisch abgetan hatte, ließ sie ihre Finger leicht auf den Maschinentasten ruhen, voller Ungeduld, endlich mit ihrer Arbeit beginnen zu können.

»Das ist *Ihre* Ansicht«, meinte Poirot. »Und in diesem Augenblick ist Ihr ganzes Verlangen darauf gerichtet, mit Ihrer Arbeit fortfah-

ren zu dürfen. Aber Ihre Arbeit, Miss Lemon, besteht nicht nur darin, meine Korrespondenz zu erledigen, meine Briefe abzulegen und meine Telefongespräche entgegenzunehmen. Alle diese Dinge erledigen Sie in bewundernswerter Weise. Ich aber habe nicht nur mit Dokumenten zu tun, sondern auch mit menschlichen Wesen. Und dabei brauche ich ebenfalls Unterstützung.«
»Gewiß, Monsieur Poirot«, lautete die geduldige Erwiderung.
»Dieser Fall interessiert mich, und es würde mich freuen, wenn Sie die Berichte darüber in allen Morgenzeitungen und auch die späteren Berichte in den Abendzeitungen durchläsen und mir ein Resümee des Tatsachenbestandes anfertigten.«
»Sehr wohl, Monsieur Poirot.«
Poirot zog sich, wehmütig lächelnd, in sein Wohnzimmer zurück.

Zu gegebener Zeit erschien Miss Lemon bei ihm mit einem getippten Bericht.
»Ich habe hier die gewünschten Informationen, Monsieur Poirot. Allerdings fürchte ich, daß sie nicht als besonders zuverlässig anzusehen sind. Die Berichte der verschiedenen Zeitungen weichen beträchtlich voneinander ab. Ich möchte den angegebenen Tatsachen nicht mehr als sechzig Prozent Genauigkeit zubilligen.«
»Das ist wahrscheinlich eine konservative Schätzung«, murmelte Poirot. »Vielen Dank, Miss Lemon, für die Mühe, die Sie sich gemacht haben.«
Der Fall selbst war sensationell, aber ziemlich klar. Major Rich, ein wohlhabender Junggeselle, hatte einige seiner Freunde zu einer Abendgesellschaft in seine Wohnung geladen. Diese Freunde waren Mr. und Mrs. Clayton, Mr. und Mrs. Spence und Commander McLaren. Commander McLaren war mit Rich und den Claytons schon sehr lange befreundet. Mr. und Mrs. Spence, ein jüngeres Ehepaar, waren ziemlich neue Bekannte. Arnold Clayton arbeitete im Schatzamt. Jeremy Spence war ein jüngerer Beamter der Zivilverwaltung. Major Rich war achtundvierzig, Arnold Clayton fünfundfünfzig, Commander Mclaren sechsundvierzig und Jeremy Spence siebenunddreißig. Mrs. Clayton war, wie es hieß, »einige Jahre jünger als ihr Gatte«. Eine dieser Personen war nicht in der Lage, an der Abendgesellschaft teilzunehmen. Mr. Clayton wurde im letzten Augenblick wegen dringender Geschäfte nach Schottland gerufen, und es wurde angenommen, daß er mit dem Zug um 20.15 Uhr vom Bahnhof King's

Cross abgefahren sei.
Die Party verlief wie die meisten solcher Veranstaltungen. Allen schien es gut zu gefallen. Man war aber weder besonders ausgelassen noch betrunken und brach gegen Viertel vor zwölf auf. Die vier Gäste gingen zusammen fort und nahmen gemeinsam ein Taxi. Commander McLaren wurde als erster bei seinem Klub abgesetzt. Dann brachten die Spences Margharita Clayton nach Cardigan Gardens und fuhren schließlich weiter zu ihrem Haus in Chelsea.
Die gruselige Entdeckung wurde am nächsten Morgen gemacht, und zwar von William Burgess, Major Richs Diener, der nicht im Hause wohnte. Er erschien sehr früh, um das Wohnzimmer aufzuräumen, ehe er Major Rich mit der frühmorgendlichen Tasse Tee weckte. Während Burgess mit seinen Arbeiten beschäftigt war, entdeckte er plötzlich voller Schrecken einen großen, häßlichen Fleck auf dem hellen Teppich, auf dem die spanische Truhe stand. Der Diener hob sofort den Deckel der Truhe und blickte hinein. Voller Entsetzen sah er darin die Leiche des Mr. Clayton, der offenbar erstochen worden war. Seinem ersten Impuls gehorchend stürzte Burgess auf die Straße und holte den nächsten Polizisten.
Das waren die nackten Tatsachen. Aber es wurden noch weitere Einzelheiten erwähnt. Die Polizei hatte Mrs. Clayton sofort vom Tod ihres Mannes in Kenntnis gesetzt, und sie war »völlig niedergeschmettert«. Sie hatte ihren Mann am Abend zuvor kurz nach sechs zum letztenmal gesehen. Er war verärgert nach Hause gekommen, da er in einer dringenden geschäftlichen Angelegenheit, die etwas mit einem seiner Besitztümer zu tun hatte, nach Schottland gerufen worden war, und hatte seine Frau gedrängt, ohne ihn an der Abendgesellschaft teilzunehmen. Mr. Clayton hatte dann seinen Klub aufgesucht, zu dem auch Commander McLaren gehörte, und bei einem Glas Whisky seinem Freund die Sachlage erklärt. Nach einem Blick auf seine Uhr hatte er dann geäußert, daß er auf seinem Weg nach King's Cross gerade noch Zeit habe, bei Major Rich vorbeizuschauen und ihm die Sache auseinanderzusetzen. Er hatte schon versucht, ihn telefonisch zu erreichen, aber keinen Anschluß bekommen.
Laut William Burgess' Aussage erschien Mr. Clayton gegen neunzehn Uhr fünfundfünfzig. Major Rich war nicht zu Hause, mußte aber jeden Augenblick kommen. Burgess schlug Mr. Clayton daher vor, einzutreten und zu warten. Clayton sagte, er

habe keine Zeit, da er auf dem Weg zum Bahnhof sei, würde aber gern ein paar Zeilen für Major Rich hinterlassen. Daraufhin führte der Diener ihn ins Wohnzimmer und ging selbst in die Küche zurück, wo er mit der Zubereitung von Appetithäppchen für die Party beschäftigt war. Der Diener hörte seinen Herrn nicht zurückkehren, aber etwa zehn Minuten später trat Major Rich in die Küche und bat ihn, eiligst türkische Zigaretten zu besorgen, da diese von Mrs. Spence bevorzugt würden. Der Diener kam der Aufforderung nach und brachte die Zigaretten seinem Herrn ins Wohnzimmer. Mr. Clayton war nicht mehr da, und der Diener nahm natürlich an, daß er bereits fortgegangen sei, um seinen Zug zu erreichen.

Major Richs Schilderung war kurz und schlicht. Mr. Clayton war nicht in der Wohnung, als er selbst zurückkehrte, und er hatte keine Ahnung, daß er dort gewesen war. Er hatte keine Zeilen vorgefunden und von Claytons Schottlandreise erst erfahren, als Mrs. Clayton und die anderen Gäste eintrafen.

Die Abendzeitungen brachten zwei weitere Notizen. Die »niedergeschmetterte« Mrs. Clayton hatte ihre Wohnung in Cardigan Gardens verlassen, und man nahm an, daß sie sich bei Freunden aufhalte.

Die andere Notiz erschien unter der Rubrik »Letzte Meldungen«: Major Charles Rich war des Mordes an Arnold Clayton beschuldigt und in Untersuchungshaft genommen worden.

»Das wär's also«, meinte Poirot und blickte zu Miss Lemon auf. »Die Verhaftung des Majors war zu erwarten. Aber was für ein merkwürdiger Fall! Ein *sehr* merkwürdiger Fall! Finden Sie nicht auch?«

»So etwas passiert ja wohl, Monsieur Poirot«, erwiderte Miss Lemon ohne besonderes Interesse.

»Oh, gewiß! So etwas passiert jeden Tag. Oder beinahe jeden Tag. Aber gewöhnlich sind derartige Vorkommnisse ganz verständlich – wenn auch betrüblich.«

»Es ist bestimmt eine sehr unangenehme Sache.«

»Erstochen und in eine spanische Truhe gesteckt zu werden, ist gewiß unangenehm für das Opfer – ganz entschieden. Aber wenn ich von einem merkwürdigen Fall spreche, so bezieht sich das auf das merkwürdige Verhalten des Major Rich.«

Miss Lemon sagte in leicht abfälligem Ton:

»Man scheint zu vermuten, daß Major Rich und Mrs. Clayton sehr eng befreundet waren... Es war eine Andeutung und keine

erwiesene Tatsache. Daher habe ich es in meinem Resümee nicht erwähnt.«
»Sehr richtig von Ihnen. Aber es ist eine Folgerung, die ins Auge springt! Ist das alles, was Ihnen dazu einfällt?«
Miss Lemon blickte ausdruckslos vor sich hin. Poirot dachte mit einem Seufzer an die lebhafte Phantasie seines Freundes Hastings. Die Diskussion eines Falles mit Miss Lemon war eine mühsame Arbeit.
»Betrachten wir einmal diesen Major Rich. Er ist in Mrs. Clayton verliebt – zugegeben... Er will ihren Gatten beiseite schaffen – auch das räumen wir ein, obgleich man sich fragt: Wenn Mrs. Clayton in ihn verliebt ist und die beiden ein Verhältnis miteinander haben, warum pressiert's dann so? Will Mr. Clayton sich vielleicht nicht von seiner Frau scheiden lassen? Doch davon will ich nicht reden. Major Rich ist ein pensionierter Soldat, und manchmal heißt es, daß Soldaten nicht viel Grips haben. Aber, *tout de même*, ist denn dieser Major Rich ein kompletter Idiot?«
Miss Lemon erwiderte nichts darauf. Sie hielt dies für eine rein rhetorische Frage.
»Nun«, fragte Poirot, »was halten *Sie* denn von der ganzen Geschichte?«
»Was *ich* davon halte?« wiederholte Miss Lemon erschrocken.
»*Mais oui* – Sie!«
Miss Lemon bemühte sich, der neuen Aufforderung, die ihrem Verstand zugemutet wurde, gerecht zu werden. Sie erging sich nie in irgendwelchen Spekulationen, falls sie nicht direkt dazu aufgefordert wurde. Wenn sie einmal über einen müßigen Augenblick verfügte, beschäftigten sich ihre Gedanken mit den Einzelheiten eines überaus vollkommenen Ablagesystems. Das war ihre einzige geistige Ausschweifung.
»Nun...«, begann sie und brach ab.
»Erzählen Sie mir einfach, was nach Ihrer Ansicht an jenem Abend geschah. Mr. Clayton sitzt im Wohnzimmer und schreibt ein paar Zeilen. Major Rich kehrt zurück – was dann?«
»Er findet Mr. Clayton vor. Sie haben – ist jedenfalls anzunehmen – einen Wortwechsel, und Major Rich ersticht Mr. Clayton. Sobald er sieht, was er getan hat, verbirgt er die – die Leiche in der Truhe. Die Gäste konnten schließlich jeden Augenblick eintreffen.«
»Ja, ja. Die Gäste erscheinen! Die Leiche ist in der Truhe. Der Abend vergeht. Die Gäste brechen auf. Und dann?«
»Na, dann geht Major Rich vermutlich zu Bett und... Oh!«

»Aha«, sagte Poirot. »Jetzt geht Ihnen ein Licht auf. Sie haben einen Menschen ermordet und die Leiche in einer Truhe versteckt. Und dann – gehen Sie seelenruhig zu Bett, ohne sich von dem Gedanken stören zu lassen, daß Ihr Diener am nächsten Morgen das Verbrechen entdecken wird.«
»Vielleicht hat er nicht damit gerechnet, daß der Diener einen Blick in die Truhe werfen würde.«
»Trotz einer großen Blutlache auf dem Teppich?«
»Vielleicht ahnte Major Rich nichts von dem Fleck.«
»War es nicht reichlich nachlässig von ihm, sich nicht davon zu überzeugen?«
»Er war wohl etwas aufgeregt«, meinte Miss Lemon.
Poirot hob verzweifelt die Hände.
Miss Lemon benutzte die Gelegenheit, um sich eiligst aus dem Zimmer zu entfernen.

Das Geheimnis der spanischen Truhe ging Poirot, genaugenommen, nichts an. Er war im Augenblick mit einem delikaten Auftrag beschäftigt, den ihm eine der großen Ölgesellschaften erteilt hatte. Es handelte sich dabei um einen Mann in höherer Position, der möglicherweise an fragwürdigen Transaktionen beteiligt war. Eine strengvertrauliche, wichtige und höchst lukrative Aufgabe. Sie war genügend kompliziert, um Poirots Interesse zu fesseln, und hatte den großen Vorteil, daß sie sehr wenig physische Aktivität erforderte. Aber sie war nüchtern und appellierte nur an den Verstand. Verbrechen auf höchster Ebene.
Das Geheimnis der spanischen Truhe dagegen war hochdramatisch und mit Gefühlen durchsetzt; zwei Eigenschaften, vor denen er Hastings oft gewarnt hatte. In dieser Hinsicht war er mit *ce cher Hastings* sehr streng gewesen, und nun war er selbst, genau wie sein Freund, besessen von schönen Frauen, Verbrechen aus Leidenschaft, Eifersucht, Haß und allen anderen romantischen Mordursachen! Er wollte genau darüber Bescheid wissen. Er wollte in Erfahrung bringen, was für Menschen das waren, dieser Major Rich und sein Diener und Margharita Clayton (obgleich er über sie im Bilde zu sein glaubte) und der ermordete Arnold Clayton (denn seiner Ansicht nach war der Charakter des Opfers bei der Lösung eines Mordfalles von allergrößter Bedeutung) und sogar Commander McLaren, der treue Freund, und Mr. und Mrs. Spence, die kürzlich erworbenen Bekannten. Und er sah keine Möglichkeit, seine Neugierde zu befriedigen! Später am Tage

kehrten seine Gedanken zu diesem Thema zurück.
Warum fesselte ihn dieser Vorfall eigentlich so sehr? Nach einiger Überlegung kam er zu dem Schluß, daß ihn das Problem so reizte, weil das Ganze im Hinblick auf die Beziehung der Tatsachen zueinander eigentlich ein Ding der Unmöglichkeit war!
Er überflog noch einmal die akzeptierbaren Tatbestände. Zunächst ein Wortwechsel zwischen zwei Männern. Ursache vermutlich eine Frau. Im Eifer des Gefechts brachte der eine den anderen um. Ja, das kam vor – obwohl es einleuchtender wäre, wenn der Ehemann den Liebhaber beseitigt hätte. Immerhin, der Liebhaber hatte den Ehemann getötet, ihn mit einem Dolch erstochen – irgendwie eine ziemlich unwahrscheinliche Waffe. Hatte Major Rich vielleicht eine italienische Mutter? Sicherlich existierte irgendwo eine Erklärung für die Wahl eines Dolches als Waffe. Jedenfalls mußte man den Dolch akzeptieren (in manchen Zeitungen wurde er als Stilett bezeichnet). Er war eben zur Hand und wurde benutzt. Die Leiche wurde dann in der Truhe versteckt. Das war gesunder Menschenverstand und unvermeidlich. Das Verbrechen war nicht vorausgeplant, und da der Diener jeden Augenblick zurückkehren konnte und vier Gäste in Kürze eintreffen würden, schien es die einzige Möglichkeit zu sein.
Die Party steigt und geht zu Ende, die Gäste brechen auf – der Diener ist bereits fort –, und Major Rich geht zu Bett!
Um das zu verstehen, mußte man Major Rich sehen und herausfinden, was das für ein Mensch war, der so handeln konnte.
Hatte er vielleicht, überwältigt von dem Entsetzen über seine Tat und von der großen Anstrengung, den langen Abend hindurch natürlich zu erscheinen, eine Schlaftablette genommen, die ihn in einen so tiefen Schlummer versetzte, daß er nicht um die gewohnte Zeit wach wurde? Möglich. Oder aber handelte es sich um das psychologische Phänomen, daß das Schuldgefühl in Major Richs Unterbewußtsein nach Aufdeckung des Verbrechens verlangte? Um in dieser Hinsicht zu einer Entscheidung zu gelangen, war es unbedingt erforderlich, Major Rich kennenzulernen. Es ließ sich alles zurückführen auf – Das Telefon läutete. Poirot ließ es eine Weile klingeln, bis ihm dämmerte, daß Miss Lemon bereits nach Hause gegangen war. Also nahm er den Hörer ab.
»Monsieur Poirot?«
»Am Apparat.«
»Oh, wie herrlich!« Poirot war ein wenig erstaunt über die Glut in der bezaubernden weiblichen Stimme. »Hier ist Abbie Chatter-

ton.« – »Ah, Lady Chatterton. Was kann ich für Sie tun?«
»Kommen Sie so rasch wie möglich zu einer absolut schauderhaften Cocktailparty, die ich gerade gebe. Nicht unbedingt wegen der Cocktailparty – sondern wegen einer ganz anderen Geschichte. Bitte, *bitte*, lassen Sie mich nicht im Stich! Sagen Sie bloß nicht, daß Sie es nicht einrichten können.«
Poirot hatte nicht die geringste Absicht, die Einladung abzulehnen. Lord Chatterton war, abgesehen von seiner Peerswürde und der Tatsache, daß er gelegentlich eine langweilige Rede im Oberhaus hielt, keine bemerkenswerte Persönlichkeit. Doch Lady Chatterton war eine der strahlendsten Sterne am Himmel der Gesellschaft. Alles, was sie tat oder sagte, war ein Ereignis. Sie besaß Verstand, Schönheit, Originalität und genug Energie, um eine Rakete zum Mond zu befördern.
Sie sagte nochmals:
»Ich brauche Sie. Zwirbeln Sie einfach Ihren wundervollen Schnurrbart mit kühnem Schwung, und kommen Sie!«
Ganz so rasch ging es allerdings nicht. Zunächst einmal machte Poirot aufs sorgfältigste Toilette. Dann erst zwirbelte er seinen Schnurrbart und machte sich auf den Weg.
Die Tür zu Lady Chattertons bezauberndem Haus in der Cheriton Street war angelehnt, und aus dem Innern drang ein Geräusch, das einer Meuterei im Zoo glich. Lady Chatterton führte gerade eine lebhafte Unterhaltung mit zwei Berühmtheiten, einem international bekannten Fußballspieler und einem amerikanischen Evangelisten. Aber als Poirot eintrat, wandte sie sich sofort von ihnen ab und eilte auf den neuen Gast zu.
»Monsieur Poirot, wie wunderbar, daß Sie gekommen sind! Nein, trinken Sie nicht diesen garstigen Martini. Ich habe etwas Besonderes für Sie – eine Art Sirup, den die Scheiche in Marokko trinken. Ich habe ihn oben in meinem kleinen Zimmer.«
Auf dem Weg dorthin erwähnte sie:
»Ich habe diese Party nicht abgeblasen, weil es ungeheuer wichtig ist, daß keiner ahnt, was hier vor sich geht, und ich habe den Dienstboten unerhörte Belohnungen versprochen, wenn nichts ausgeplappert wird. Man möchte schließlich nicht sein Haus von Reportern belagert sehen. Und die arme Seele hat auch schon so viel durchmachen müssen.«
Lady Chatterton machte im ersten Stock nicht halt, sondern eilte weiter in den nächsten. Keuchend und etwas verblüfft folgte ihr Poirot.

In der zweiten Etage blieb Lady Chatterton stehen und stieß nach einem raschen Blick über das Geländer eine Tür auf, wobei sie ausrief:

»Ich habe ihn, Margharita! Ich habe ihn! Hier ist er!«

Sie trat triumphierend zur Seite, um Poirot eintreten zu lassen, und machte die beiden rasch miteinander bekannt.

»Das ist Margharita Clayton, eine sehr, sehr liebe Freundin von mir. Sie werden ihr helfen, nicht wahr? Margharita, das ist der wundervolle Hercule Poirot. Er wird alles tun, was du ihm sagst – nicht wahr, lieber Monsieur Poirot?«

Und ohne auf eine Antwort zu warten, die sie offenbar als positiv voraussetzte, stürzte sie aus dem Zimmer und die Treppe hinunter, während sie, wenig schmeichelhaft für ihre Gäste, den beiden über die Schulter zurief:

»Ich muß leider zu all diesen gräßlichen Leuten zurück.« Die Frau, die in einem Sessel am Fenster gesessen hatte, erhob sich und kam auf ihn zu. Poirot hätte sie auch erkannt, wenn Lady Chatterton ihren Namen nicht erwähnt hätte: diese breite, sehr breite Stirn, das dunkle Haar, das so beschwingt daraus emporstieg, und die grauen, weit auseinanderstehenden Augen. Sie trug ein enganliegendes, hochgeschlossenes Kleid in einem stumpfen Schwarz, das die schönen Linien ihres Körpers und die magnolienhafte Weiße ihrer Haut betonte. Ihr Gesicht war eher apart als schön. Sie war von einer Aura mittelalterlicher Schlichtheit umgeben – von einer seltsamen Unschuld, die, wie Poirot dachte, eine vernichtendere Wirkung ausüben konnte als wollüstige Raffinesse. Wenn sie sprach, klang aus ihren Worten eine gewisse kindliche Offenheit. »Abbie sagt, Sie wollen mir helfen.«

Sie blickte ihm ernst und forschend ins Gesicht.

Einen Augenblick lang stand Poirot ganz still und unterzog sie einer genauen Prüfung, was durchaus nicht unhöflich wirkte. Es war eher der freundliche, aber durchdringende Blick, mit dem ein berühmter Arzt einen neuen Patienten betrachtet.

»Sind Sie sicher, Madame«, sagte er schließlich, »daß ich Ihnen helfen *kann*?«

Eine leichte Röte stieg in ihre Wangen.

»Ich weiß nicht, was Sie meinen.«

»Was wünschen Sie denn von mir, Madame?«

»Oh!« Sie schien überrascht. »Ich dachte, Sie wüßten, wer ich bin.«

»Ich weiß, wer Sie sind. Ihr Gatte wurde getötet – erdolcht, und ein gewisser Major Rich ist wegen Mordverdachts verhaftet worden.«
Die Röte in ihren Wangen vertiefte sich.
»Major Rich hat meinen Mann *nicht* getötet.«
Pfeilschnell entgegnete Poirot: »Warum nicht?«
Sie starrte ihn verblüfft an. »Wie – wie, bitte?«
»Ich habe Sie verwirrt – weil ich nicht dieselbe Frage gestellt habe wie alle anderen, die Polizei, die Rechtsanwälte... ›warum sollte Major Rich Arnold Clayton töten?‹ Ich aber frage das Gegenteil. Ich frage Sie, Madame, warum Sie davon überzeugt sind, daß Major Rich ihn *nicht* getötet hat.«
»Weil«, – sie hielt einen Augenblick inne – »weil ich Major Rich so gut kenne.«
»Sie kennen Major Rich so gut«, wiederholte Poirot mit ausdrucksloser Stimme. Nach einer kleinen Pause fragte er scharf. »Wie gut?«
Ob sie die Bedeutung seiner Frage verstand, wußte er nicht. Er dachte bei sich: Hier ist eine Frau, die entweder sehr einfach oder sehr raffiniert ist. Viele Menschen müssen versucht haben, das bei Margharita Clayton zu ergründen...
»Wie gut?« Sie blickte ihn zweifelnd an. »Seit fünf Jahren – nein, es sind fast schon sechs.«
»So war das eigentlich nicht gemeint. Sie müssen einsehen, Madame, daß ich Ihnen scheinbar impertinente Fragen stellen muß. Vielleicht werden Sie die Wahrheit sagen, vielleicht aber auch lügen. Es ist manchmal notwendig für eine Frau zu lügen. Frauen müssen sich verteidigen, und die Lüge kann eine gute Waffe sein. Aber es gibt drei Menschen, Madame, denen eine Frau die Wahrheit sagen sollte: ihrem Beichtvater, ihrem Friseur und ihrem Privatdetektiv – wenn sie ihm vertraut. Vertrauen Sie mir, Madame?«
Margharita Clayton holte tief Atem.
»Ja«, sagte sie. »Das tue ich.« Und setzte hinzu: »Ich muß es ja.«
»Na schön. Was soll ich also für Sie tun? Herausfinden, wer Ihren Gatten ermordet hat?«
»Das auch – ja.«
»Aber es ist nicht das Wesentliche, wie? Sie wünschen in erster Linie, daß ich Major Rich von dem Mordverdacht befreie, ja?«
Sie nickte rasch, dankbar.
»Das – und sonst nichts?«

Eine unnötige Frage, das sah er ein. Margharita Clayton war eine Frau, die stets nur eine Sache zur Zeit im Auge hatte.

»Und jetzt eine sehr indiskrete Frage, Madame. Sie und Major Rich sind ineinander verliebt, ja?«

»Wenn Sie damit sagen wollen, daß wir ein Verhältnis miteinander hatten – nein.«

»Aber er war in Sie verliebt?«

»Ja.«

»Und Sie – waren in ihn verliebt?«

»Ich glaube, ja.«

»Sie scheinen nicht ganz sicher zu sein, wie?«

»Doch – jetzt bin ich sicher.«

»Aha! Sie haben also Ihren Gatten nicht geliebt?«

»Nein.«

»Sie antworten mit bewundernswerter Direktheit. Die meisten Frauen hätten das Verlangen, ihre Gefühle bis ins einzelne zu erklären. Wie lange waren Sie verheiratet?«

»Elf Jahre.«

»Können Sie mir ein wenig über Ihren Gatten erzählen? Was war er für ein Mensch?«

Sie runzelte die Stirn.

»Das ist schwierig. Ich weiß eigentlich gar nicht, was für ein Mensch Arnold war. Er war sehr ruhig, sehr reserviert. Man konnte seine Gedanken nicht erraten. Natürlich war er klug, jeder sagte, er sei brillant – in seiner Arbeit, meine ich. Aber er – ich weiß nicht, wie ich es ausdrücken soll –, er hat sein ureigenes Wesen nie enthüllt.«

»War er in Sie verliebt?«

»O ja. Das muß er schon gewesen sein. Sonst hätte er sich nicht so aufgeregt –« Sie brach plötzlich ab.

»Über andere Männer? Das wollten Sie doch sagen, wie? Er war also eifersüchtig?«

Wieder sagte sie:

»Das muß er schon gewesen sein.« Und dann, als ob sie spürte, daß der Satz einer Erklärung bedurfte, fuhr sie fort:

»Manchmal sprach er tagelang kein Wort mit mir.«

Poirot nickte nachdenklich.

»Diese Gewalttätigkeit – die in Ihr Leben gekommen ist. Haben Sie die zum ersten Mal erlebt?«

»Gewalttätigkeit?« Sie runzelte die Stirn und errötete dann. »Meinen Sie etwa den armen jungen Mann, der sich erschossen

hat?«
»Ja«, erwiderte Poirot. »So etwas habe ich wohl gemeint.«
»Ich hatte keine Ahnung, daß er so viel für mich empfand. Er tat mir sehr leid. Er schien so scheu, so einsam zu sein. Er muß sehr... überspannt, neurotisch gewesen sein. Und dann die beiden Italiener – ein Duell. Es war lächerlich. Jedenfalls ist keiner dabei umgekommen, Gott sei Dank... Und, offen gestanden, hatte mir an keinem der beiden etwas gelegen. Ich habe nicht einmal Zuneigung vorgetäuscht.«
»Nein. Sie waren eben nur – da! Und wo Sie sind – passiert etwas! Die Erfahrung habe ich schon früher in meinem Leben gemacht. Eben *weil* Sie gleichgültig sind, werden die Männer zum Wahnsinn getrieben. Aber für Major Rich haben Sie tatsächlich etwas übrig. Daher – müssen wir tun, was wir können.«
Er schwieg eine Zeitlang, während sie ernst vor ihm saß und ihn beobachtete.
»Wir wenden uns nun von den Persönlichkeiten ab, die oft das wirklich Wichtige sind, und den einfachen Tatsachen zu. Ich weiß nur, was in den Zeitungen stand. Auf Grund dieser Darstellungen hatten nur zwei Personen Gelegenheit, Ihren Gatten zu töten, *konnten* nur zwei Personen ihn getötet haben – Major Rich oder sein Diener.«
Eigensinnig wiederholte sie:
»Ich weiß, daß Charles ihn nicht getötet hat.«
»Dann muß es also der Diener gewesen sein. Geben Sie das zu?«
»Ich verstehe, was Sie meinen«, sagte sie zweifelnd.
»Aber es will Ihnen nicht so recht einleuchten, ja?«
»Es erscheint einfach – phantastisch!«
»Und doch besteht die Möglichkeit. Ihr Gatte erschien zweifellos in der Wohnung, da seine Leiche dort gefunden wurde. Wenn die Aussage des Dieners auf Wahrheit beruht, hat Major Rich den Mord begangen. Wenn aber die Aussage des Dieners falsch ist? Dann hat der Diener Ihren Gatten getötet und die Leiche vor der Rückkehr seines Herrn in der Truhe versteckt. Von seinem Standpunkt aus eine ausgezeichnete Gelegenheit, die Leiche loszuwerden. Er brauchte nur am nächsten Morgen ›den Blutfleck zu bemerken‹ und ›die Leiche zu entdecken‹. Der Verdacht würde sofort auf Rich fallen.«
»Aber warum hätte der Diener meinen Mann töten sollen?«
»Ja, warum? Das Motiv kann nicht auf der Hand liegen. Sonst

hätte die Polizei entsprechende Nachforschungen angestellt. Möglicherweise wußte Ihr Gatte etwas über den Diener, was ihm zur Schande gereichte, und stand im Begriff, Major Rich davon in Kenntnis zu setzen. Hat Ihr Gatte jemals mit Ihnen über diesen Burgess gesprochen?«
Sie schüttelte den Kopf.
»Glauben Sie, daß er es getan hätte, wenn da etwas im Busch gewesen wäre?«
Sie runzelte die Stirn.
»Es ist schwierig, etwas darüber zu sagen. Wahrscheinlich nicht. Er sprach nicht viel über andere Menschen. Wie ich Ihnen schon sagte, war er sehr zurückhaltend.«
»Es war also ein Mann, der seine Meinungen für sich behielt. Nun, was für eine Meinung haben *Sie* von Burgess?«
»Er ist kein Mann, der einem besonders auffällt. Ein ziemlich guter Diener. Ausreichend, aber nicht besonders geschliffen.«
»Wie alt?«
»Etwa sieben- oder achtunddreißig, denke ich. Während des Krieges war er Offiziersbursche, aber kein regelrechter Soldat.«
»Wie lange ist er bei Major Rich?«
»Nicht sehr lange. Vielleicht anderthalb Jahre.«
»Haben Sie je bemerkt, daß er Ihrem Gatten gegenüber ein merkwürdiges Verhalten an den Tag legte?«
»Wir waren nicht so sehr oft dort. Nein, ich habe überhaupt nichts bemerkt.«
»Nun schildern Sie mir bitte die Vorgänge jenes Abends. Um welche Zeit waren Sie geladen?«
»Acht Uhr fünfzehn bis acht Uhr dreißig.«
»Und was für eine Party sollte es sein?«
»Nun, gewöhnlich wurden Drinks gereicht, und es gab ein kaltes Büfett – meistens ein sehr gutes. Gänseleberpastete und heißen Toast. Geräucherten Lachs und dergleichen. Manchmal gab es auch ein warmes Reisgericht – Charles hatte ein besonderes Rezept aus dem Nahen Osten mitgebracht –, aber das war meist im Winter. Dann hörten wir häufig Musik – Charles besitzt einen sehr guten Stereoplattenspieler. Mein Mann und Jock McLaren begeisterten sich beide für klassische Musik. Doch wir spielten auch leichtere Rhythmen – die Spences waren leidenschaftliche Tänzer. So war es meistens – ein ruhiger, zwangloser Abend. Charles war ein sehr guter Gastgeber.«
»Und glich dieser besondere Abend den anderen Abenden, die

Sie dort verbrachten? Sie haben nichts Ungewöhnliches bemerkt? War alles an seinem Platz?«
»Alles an seinem Platz?« Sie runzelte die Stirn. »Eben, als Sie das sagten, hatte ich – nein, es ist wieder verschwunden. Aber da war irgend etwas...« Wiederum schüttelte sie den Kopf. »Nein. Es war überhaupt nichts Ungewöhnliches an dem Abend. Wir hatten viel Spaß. Alle schienen ungezwungen und glücklich zu sein.« Sie schauderte. »Und wenn man bedenkt, daß während der ganzen Zeit –«
Poirot hob rasch die Hand.
»Denken Sie nicht daran. Was wissen Sie von den Geschäften, derentwegen Ihr Gatte nach Schottland reisen wollte?«
»Nicht viel. Es handelte sich um den Verkauf von Ländereien, die meinem Mann gehörten. Der Verkauf war offenbar bereits vollzogen, und dann tauchten plötzlich Schwierigkeiten auf.«
»Was hat Ihr Gatte Ihnen genau gesagt?«
»Er kam mit einem Telegramm in der Hand zu mir herein. Soweit ich mich entsinnen kann, sagte er: ›Eine höchst ärgerliche Geschichte! Ich muß mit dem Nachtzug nach Edinburgh fahren und morgen früh gleich mit Johnston sprechen. Zu dumm, wenn man schon angenommen hatte, daß die Sache endlich gelaufen sei.‹ Dann fügte er hinzu: ›Soll ich Jock anrufen und ihn bitten, dich abzuholen?‹ Und ich erwiderte: ›Unsinn, ich nehme einfach ein Taxi.‹ Er meinte, daß Jock oder die Spences mich bestimmt nach Hause bringen würden. Ich fragte ihn dann, ob ich ihm beim Packen helfen solle, und er sagte, er würde nur ein paar Sachen in einen Koffer werfen und dann einen kleinen Imbiß im Klub nehmen, ehe er zum Bahnhof gehe. Bald darauf verließ er die Wohnung, und – und das war das letzte Mal, daß ich ihn gesehen habe.«
Ihre Stimme brach ein wenig bei diesen Worten.
Poirot blickte sie sehr fest an.
»Hat er Ihnen das Telegramm gezeigt?«
»Nein.«
»Schade.«
»Warum sagen Sie das?«
Poirot beantwortete ihre Frage nicht. Statt dessen fuhr er energisch fort:
»Nun zur Sache. Wie heißen die Anwälte, die Major Rich vertreten?«
Sie gab ihm die gewünschte Auskunft, und er notierte sich die

Adresse.
»Wollen Sie mir ein paar Zeilen für sie mitgeben? Ich möchte nämlich Anordnungen treffen, um Major Rich persönlich zu sehen.«
»Er – befindet sich in Untersuchungshaft.«
»Natürlich. Das ist das übliche Verfahren. Wollen Sie ebenfalls ein paar Zeilen an Commander McLaren und an Ihre Freunde, die Spences, schreiben? Ich möchte mit allen sprechen, und es ist wichtig, daß sie mir nicht gleich die Tür weisen.«
Als sie sich vom Schreibtisch erhob, sagte er:
»Noch eins. Ich werde mir natürlich mein eigenes Urteil bilden, aber mittlerweile möchte ich von Ihnen hören, was für einen Eindruck Sie von Commander McLaren und Mr. und Mrs. Spence haben.«
»Jock McLaren ist einer unserer ältesten Freunde. Ich kenne ihn schon seit meiner Kindheit. Er macht einen ziemlich strengen Eindruck, aber im Grunde ist er eine gute Seele – immer derselbe, stets zuverlässig. Er ist nicht anregend und amüsant, aber eine ungeheure Stütze. Arnold und ich haben uns oft auf sein Urteil verlassen.«
»Und zweifellos ist auch er in Sie verliebt, nicht wahr?« Poirot zwinkerte ein wenig mit den Augen.
»O ja«, erwiderte Margharita heiter. »Er war immer in mich verliebt – aber allmählich ist es ihm gewissermaßen zur Gewohnheit geworden.«
»Und die Spences?«
»Sie sind sehr gute Gesellschafter. Linda Spence ist wirklich eine ziemlich gescheite Frau, Arnold hat sich gern mit ihr unterhalten. Außerdem ist sie sehr attraktiv.«
»Sind Sie miteinander befreundet?«
»Sie und ich? Gewissermaßen. Obwohl ich sie eigentlich nicht besonders mag. Sie ist mir zu maliziös.«
»Und ihr Gatte?«
»Oh, Jeremy ist bezaubernd. Sehr musikalisch. Versteht auch eine Menge von Gemälden. Er und ich gehen oft zusammen ins Kino ...«
»Na ja, ich werde mich selbst überzeugen.« Er ergriff ihre Hand. »Hoffentlich bereuen Sie es nicht, Madame, meine Hilfe in Anspruch genommen zu haben.«
»Warum sollte ich es bereuen?« Ihre Augen weiteten sich vor Staunen.

»Man kann nie wissen«, erwiderte er geheimnisvoll.
»Und ich – ich weiß es auch nicht«, murmelte er vor sich hin, als er die Treppe hinabstieg. Die Cocktailparty war noch in vollem Gange, aber er mied die Gastgeberin und gelangte ohne weiteres auf die Straße.
»Nein«, wiederholte er. »Ich weiß es nicht.«
Seine Gedanken waren ganz bei Margharita Clayton.
Diese kindliche Aufrichtigkeit, diese offenherzige Einfalt – waren sie echt? Oder verhüllten sie etwas anderes? Im Mittelalter hatte es solche Frauen gegeben – Frauen, über die sich die Historiker nicht einigen konnten. Er dachte an Maria Stuart, die schottische Königin. Hatte sie in jener Nacht in Kirk o' Fields von der Tat gewußt, die geschehen sollte? Oder war sie völlig unschuldig? Hatten die Verschwörer ihr nichts gesagt? War sie eine dieser kindlich-schlichten Frauen, die sich selbst etwas vormachen und daran glauben können? Er spürte den Zauber, der von Margharita Clayton ausging. Aber von ihrer Unschuld war er nicht völlig überzeugt...
Solche Frauen konnten, auch wenn sie selbst unschuldig waren, die Ursache schwerer Verbrechen sein.
Solche Frauen konnten, wenn auch nicht in der Tat, so doch in Absicht und Plänen, selbst Verbrecherinnen sein.
Ihre Hand war es nie, die das Messer hielt...
Und Margharita Clayton – nein, er wußte es wahrhaftig nicht!

Hercule Poirot fand Major Richs Rechtsanwälte nicht sehr entgegenkommend. Er hatte das auch nicht anders erwartet.
Sie ließen durchblicken, daß es eher im Interesse ihres Klienten sei, wenn Mrs. Clayton sich *nicht* für ihn einsetzte.
Poirot hatte die Rechtsanwälte auch nur um der »Korrektheit« willen aufgesucht. Er hatte genug Beziehungen zum Ministerium des Inneren und zu Scotland Yard, um die Erlaubnis für ein Gespräch mit dem Häftling zu erlangen.
Inspektor Miller, der den Fall Clayton bearbeitete, wurde von Poirot nicht sonderlich geschätzt. Aber bei dieser Gelegenheit verhielt sich der Inspektor nicht feindselig, sondern nur verächtlich.
»Kann an den alten Tattergreis nicht viel Zeit verschwenden«, hatte er zu dem Wachtmeister gesagt, ehe Poirot hereingeführt wurde. »Immerhin muß ich wohl höflich zu ihm sein.«
»Sie müssen wirklich ein Zauberkünstler sein, Monsieur Poirot,

wenn Sie hier etwas erreichen wollen«, bemerkte der Inspektor.
»Niemand außer Rich hätte den Burschen töten können.«
»Und der Diener.«
»Oh, das will ich wohl zugeben. Als Möglichkeit natürlich Aber Sie werden in dieser Richtung nichts entdecken. Überhaupt kein Motiv.«
»Das können Sie nicht so ohne weiteres behaupten. Motive sind sehr merkwürdige Gebilde.«
»Aber er war mit Clayton gar nicht bekannt, hat eine völlig harmlose Vergangenheit und scheint durchaus richtig im Kopf zu sein. Ich weiß nicht, was Sie sonst noch verlangen.«
»Ich möchte beweisen, daß Rich das Verbrechen nicht begangen hat.«
»Der Dame zuliebe, wie?« Inspektor Miller grinste. »Sie hat Ihnen wohl zugesetzt. Ziemlich ansehnlich, nicht wahr? *Cherchez la femme* – das paßt hier wie die Faust aufs Auge. Wenn sie die Gelegenheit gehabt hätte, wissen Sie, hätte sie es selbst tun können.«
»Niemals!«
»Sie werden noch Ihr blaues Wunder erleben. Ich habe so eine Frau gekannt. Räumte sämtliche Ehemänner aus dem Wege, ohne mit den Wimpern ihrer unschuldsvollen Augen zu zucken. Und jedesmal völlig gebrochen. Die Geschworenen hätten sie am liebsten freigesprochen, wenn es ihnen nur irgend möglich gewesen wäre. Aber das Beweismaterial war unumstößlich.«
»Nun, mein Freund, wir wollen nicht darüber disputieren. Ich möchte mich erdreisten, Sie um einige zuverlässige Angaben zu bitten. Was die Zeitungen drucken, ist wohl Neuigkeit – aber nicht immer Wahrheit.«
»Na, die müssen auch ihren Spaß haben. Was möchten Sie denn wissen?«
»Die Todeszeit. Und zwar so genau wie möglich, bitte.«
»Das kann nicht sehr genau sein, weil die Leiche erst am folgenden Morgen untersucht wurde. Der Tod ist schätzungsweise zehn bis dreizehn Stunden früher eingetreten. Mit anderen Worten: Zwischen sieben und zehn Uhr am Abend vorher. Der Mörder hat die Schlagader getroffen. Der Tod muß also ziemlich rasch erfolgt sein.«
»Und die Waffe?«
»Eine Art italienisches Stilett, ganz klein, aber scharf wie ein Rasiermesser. Niemand hat es je zuvor gesehen oder kann sagen,

woher es stammt. Das werden wir aber schon noch herausbekommen. Es erfordert nur etwas Zeit und Geduld.«
»Es hätte nicht im Verlauf eines Streites einfach in die Hand genommen werden können?«
»Nein. Der Diener behauptet, daß dergleichen in der Wohnung nicht vorhanden gewesen sei.«
»Was mich besonders interessiert, ist das Telegramm«, sagte Poirot. »Das Telegramm, das Arnold Clayton nach Schottland rief. War die Aufforderung echt?«
»Nein. Da oben gab es keine Schwierigkeiten. Der Landverkauf verlief ganz normal.«
»Wer hat dann das Telegramm geschickt – vorausgesetzt, daß überhaupt ein Telegramm existierte?«
»Es muß eins vorhanden gewesen sein. Nicht, daß wir Mrs. Clayton unbedingt Glauben schenken. Aber Clayton hatte auch dem Diener gegenüber erwähnt, daß er telegrafisch nach Schottland gerufen worden sei. Ebenfalls Commander McLaren gegenüber.«
»Um welche Zeit hat er mit Commander McLaren gesprochen?«
»Sie nahmen in ihrem Klub gemeinsam einen Imbiß, und zwar gegen Viertel nach sieben. Dann fuhr Clayton in einem Taxi zu Richs Wohnung, wo er kurz vor acht eintraf. Danach...« Miller machte eine vielsagende Handbewegung.
»Hat jemand irgend etwas Merkwürdiges in Richs Verhalten an diesem Abend wahrgenommen?«
»Na, Sie kennen die Menschen ja. Nach dem Ereignis bilden sie sich ein, allerlei entdeckt zu haben, was sie – darauf möchte ich jede Wette eingehen – überhaupt nicht sahen. So behauptet Mrs. Spence, Rich sei den ganzen Abend über sehr zerstreut gewesen, habe nicht immer eine richtige Antwort gegeben, als ob er ›etwas auf der Seele habe‹. Und das hatte er ja wohl auch, wenn er eine Leiche in der Truhe hatte! Er mußte sich doch den Kopf darüber zerbrechen, wie er den verwünschten Kadaver fortschaffen könne!«
»Warum hat er ihn denn nicht fortgeschafft?«
»Da fragen Sie mich zuviel. Hat vielleicht den Mut verloren. Aber es war heller Wahnsinn, es bis zum nächsten Tag aufzuschieben. Er hatte die allerbeste Chance in der Nacht. Es war nämlich kein Nachtportier da. Er hätte seinen Wagen holen, die Leiche im Kofferraum verstauen, aufs Land hinausfahren und sie irgendwo abladen können. Vielleicht wäre er beim Verstauen der Leiche

gesehen worden. Aber das Haus liegt in einer Seitenstraße, und außerdem ist ein Hof vorhanden. Gegen drei Uhr morgens, sagen wir mal, hätte er eine gute Gelegenheit gehabt. Aber was tut er statt dessen? Geht zu Bett, schläft bis in die Puppen und findet beim Erwachen die Polizei in der Wohnung!«
»Er ging zu Bett und schlief gut, genau wie ein unschuldiger Mann.«
»Wenn Sie wollen, können Sie es auch so auslegen. Aber glauben Sie das tatsächlich?«
»Die Frage kann ich erst beantworten, wenn ich den Mann mit eigenen Augen gesehen habe.«
»Glauben Sie etwa, einem Menschen die Unschuld an der Nasenspitze ansehen zu können? So einfach ist das nun auch wieder nicht.«
»Das weiß ich, und ich würde nicht im Traum daran denken, eine so kühne Behauptung aufzustellen. Ich will mir nur klar darüber werden, ob der Mann wirklich so dumm ist, wie es den Anschein hat.«

Poirot hatte nicht die Absicht, Charles Rich aufzusuchen, ehe er alle anderen gesehen hatte.
Er begann mit Commander McLaren.
McLaren war ein großer, dunkler, verschlossener Mann mit einem grobgeschnittenen, aber angenehmen Gesicht. Er war zurückhaltend und ließ nicht so einfach mit sich reden. Doch Poirot besaß Ausdauer.
Als McLaren Margharitas Zeilen gelesen hatte, meinte er fast zögernd:
»Nun, wenn Margharita wünscht, daß ich Ihnen alle Ihre Fragen beantworte, werde ich das natürlich tun. Weiß zwar nicht, was es noch zu erzählen gibt. Sie haben doch sicher schon alles gehört. Aber ganz wie Margharita es wünscht. Ich habe ihr stets den Willen getan – schon seit ihrem sechzehnten Lebensjahr. Sie hat so etwas an sich, wissen Sie.«
»Ich weiß«, bestätigte Poirot und fuhr fort: »Zunächst einmal möchte ich, daß Sie mir diese Frage ganz offen beantworten: Halten Sie Major Rich für schuldig?«
»Ja, entschieden. Ich würde es Margharita nicht sagen, wenn sie ihn unbedingt für unschuldig halten will. Aber ich sehe keine andere Möglichkeit. Zum Teufel, der Mann *muß* schuldig sein.«
»Gab es zwischen ihm und Mr. Clayton irgendeine Unstimmig-

keit?«
»Nein, durchaus nicht. Arnold und Charles waren die besten Freunde. Deshalb wirkt das Ganze ja so phantastisch.«
»Vielleicht hatte Major Richs Freundschaft mit Mrs. Clayton –«
Er wurde unterbrochen.
»Pfui! Dieses Gewäsch! Alle Zeitungen weisen versteckt darauf hin. Verdammte Anspielungen! Mrs. Clayton und Rich waren gute Freunde und weiter nichts! Margharita hat viele Freunde. Ich bin auch ihr Freund. Schon seit Jahren. Und es ist nichts zwischen uns vorgefallen, was nicht die ganze Welt wissen könnte. Genauso verhält es sich mit Charles und Margharita.«
»Sie sind also nicht der Ansicht, daß sie ein Verhältnis miteinander hatten?«
»Aber ganz gewiß nicht!« stieß McLaren zornig hervor. »Hören Sie bloß nicht auf diese Spence, diese Giftnudel. Die schwatzt Unsinn über Unsinn.«
»Aber vielleicht hat Mr. Clayton Verdacht geschöpft und angenommen, es bestehe ein Verhältnis zwischen seiner Frau und Major Rich.«
»Ich kann Ihnen versichern, daß dies nicht stimmt. Sonst hätte ich davon gewußt; Arnold und ich waren sehr eng befreundet.«
»Was für ein Mann war Mr. Clayton eigentlich? Das müßten Sie doch vor allem wissen.«
»Nun, Arnold war ein ruhiger Mensch. Aber klug – geradezu brillant, glaube ich. Fabelhafter Kopf für Finanzen. Er bekleidete einen ziemlich hohen Posten im Schatzamt.«
»Das habe ich gehört.«
»Er war sehr belesen und sammelte Briefmarken. Außerdem liebte er Musik. Aber er tanzte nicht und ging abends nicht gern aus.«
»War es Ihrer Ansicht nach eine glückliche Ehe?«
Commander McLaren beantwortete diese Frage nicht sofort.
»So etwas ist immer schwer zu beurteilen. Ja, ich glaube, sie waren glücklich. In seiner ruhigen Art war er ihr ergeben, und ich bin überzeugt, daß sie ihn gern mochte. Eine Trennung war sehr unwahrscheinlich, falls Sie daran gedacht haben sollten. Sie hatten allerdings nicht viele gemeinsame Interessen.«
Poirot nickte. Das war anscheinend alles, was er aus ihm herausbekommen konnte.
Er sagte: »Nun erzählen Sie mir noch etwas über den letzten Abend. Mr. Clayton speiste mit Ihnen im Klub. Was hat er da

gesagt?«
»Er sagte mir, daß er nach Schottland fahren müsse. Schien sehr ärgerlich darüber zu sein. Wir aßen übrigens nicht zu Abend. Keine Zeit. Nur belegte Brote und einen Drink. Das heißt, für ihn. Ich hatte nur den Drink, da ich ja zu einem kalten Souper eingeladen war.«
»Erwähnte Mr. Clayton ein Telegramm?«
»Ja.«
»Hat er es Ihnen gezeigt?«
»Nein.«
»Erwähnte er, daß er bei Rich vorsprechen wolle?«
»Nicht definitiv. Er wußte nicht, ob die Zeit dazu reichen würde, und meinte: ›Margharita kann es erklären oder auch du.‹ Dann fügte er hinzu: ›Sorge bitte dafür, daß sie gut nach Hause kommt.‹ Dann ging er fort. Es war alles ganz natürlich und ungezwungen.«
»Und er hegte keinen Verdacht, daß das Telegramm nicht echt sei?«
»War es das etwa nicht?« Commander McLaren blickte bestürzt drein.
»Anscheinend nicht.«
»Wie merkwürdig...« Commander McLaren fiel in eine Art Trance, aus der er plötzlich emportauchte mit den Worten:
»Aber das ist tatsächlich seltsam. Ich meine, wo liegt der Sinn der Sache? Warum sollte ihn jemand nach Schottland schicken wollen?«
»Das ist eine Frage, die unbedingt eine Antwort verlangt.«
Hercule Poirot brach auf und ließ den Commander offenbar tief in Gedanken versunken zurück.

Die Spences lebten in einem winzigen Haus in Chelsea.
Linda Spence empfing Poirot voller Begeisterung.
»Sie müssen mir alles erzählen«, sagte sie. »Alles von Margharita! Wo ist sie?«
»Das darf ich Ihnen leider nicht verraten, Madame.«
»Sie hat sich tatsächlich gut versteckt. So etwas versteht Margharita vorzüglich. Aber bei der Verhandlung muß sie doch wohl als Zeugin erscheinen, nicht wahr? Davor kann sie sich nicht drücken?«
Poirot ließ abschätzend seine Blicke über sie gleiten und mußte widerwillig gestehen, daß sie auf moderne Art attraktiv war, aber

kein Typ, den er bewunderte. Das kunstvoll zerzauste Haar hing ihr wirr um den Kopf, und ein Paar scharf beobachtende Augen blickten ihn aus einem Gesicht an, das, abgesehen von dem lebhaften Rot des Mundes, keinerlei Make-up zeigte. Sie trug einen enormen hellgelben Pullover, der fast bis zu den Knien herabhing, und enge schwarze Hosen.
»Was für eine Rolle spielen Sie in dieser Angelegenheit?« wollte Mrs. Spence wissen. »Sollen Sie um jeden Preis dem Freund aus der Patsche helfen? Ist das die Idee? Welcher Optimismus!«
»Dann halten Sie ihn also für schuldig?«
»Natürlich. Wer sollte es sonst sein?«
Das, dachte Poirot, ist die große Frage. Er parierte sie mit einer anderen. »Wie erschien Ihnen Major Rich an jenem fatalen Abend? Wie üblich? Oder anders?«
Linda Spence kniff kritisch die Augen zusammen.
»Nein, er war nicht wie sonst. Er war - anders.«
»Inwiefern?«
»Aber, Monsieur Poirot, wenn man gerade jemanden kaltblütig erstochen hat –«
»Aber Sie wußten zu der Zeit doch gar nicht, daß er gerade jemanden kaltblütig erstochen hatte, nicht wahr?«
»Nein, selbstverständlich nicht.«
»Wie haben Sie sich dann also sein ›Anderssein‹ erklärt? Wie äußerte es sich überhaupt?«
»Nun, er war zerstreut. Ach, ich weiß es nicht. Aber als ich hinterher darüber nachdachte, kam ich zu dem Schluß, daß ganz entschieden etwas nicht in Ordnung war.«
»Wer traf zuerst ein?«
»Wir – Jem und ich. Dann kam Jock. Und schließlich Margharita.«
»Wann wurde Mr. Claytons Abreise nach Schottland zum erstenmal erwähnt?«
»Als Margharita kam. Sie sagte zu Charles: ›Arnold läßt sich vielmals entschuldigen. Aber er mußte eilig mit dem Nachtzug nach Edinburgh fahren.‹ Und Charles erwiderte: ›Oh, das ist aber sehr bedauerlich.‹ Jock fügte hinzu: ›Verzeihung, daß ich es nicht erwähnt habe. Aber ich dachte, du wüßtest es bereits.‹ Und dann hatten wir alle einen Drink.«
»Hat Major Rich überhaupt nicht erwähnt, daß er Mr. Clayton an dem Abend gesehen habe? Hat er nichts davon gesagt, daß er auf dem Weg zum Bahnhof bei ihm vorbeigekommen sei?«

»Ich habe nichts davon gehört.«
»Die Geschichte mit dem Telegramm war merkwürdig, nicht wahr?«
»Wieso?«
»Es war ein Schwindel. In Edinburgh weiß niemand etwas davon.«
»Aha! Ich wunderte mich damals schon im stillen.«
»Sie haben sich bei dem Telegramm etwas gedacht?«
»Na, es springt einem doch geradezu ins Auge.«
»Was wollen Sie damit sagen?«
»Mein lieber Monsieur Poirot«, sagte Linda. »Spielen Sie doch nicht den Unschuldigen! Unbekannter Spaßvogel schafft den Ehemann aus dem Weg! Für diese Nacht jedenfalls ist die Luft rein.«
»Sie meinen also, daß Major Rich und Mrs. Clayton geplant hatten, die Nacht zusammen zu verbringen.«
»Daß so etwas vorkommen soll, haben Sie sicher auch schon gehört, nicht wahr?« Linda schien amüsiert.
»Und einer von den beiden schickte das Telegramm?«
»Es würde mich nicht überraschen.«
»Major Rich und Mrs. Clayton hatten also Ihrer Ansicht nach ein Verhältnis miteinander?«
»Wollen mal sagen, ich wäre darüber nicht erstaunt. Etwas Positives weiß ich nicht.«
»Hat Mr. Clayton Verdacht geschöpft?«
»Arnold war ein ungewöhnlicher Mensch. Sehr zugeknöpft. Ich glaube, er wußte Bescheid. Aber er war so veranlagt, daß er alles in sich hineinfraß. Die meisten hielten ihn für einen trockenen, gefühllosen Mann. Aber ich bin mir ziemlich sicher, daß es in seinem Innern ganz anders aussah. Merkwürdigerweise hätte es mich weniger überrascht, wenn Arnold seinen Freund Charles erstochen hätte, anstatt umgekehrt. Ich kann mich des Gedankens nicht erwehren, daß Arnold in Wirklichkeit ein irrsinnig eifersüchtiger Mann war.«
»Das ist interessant.«
»Noch wahrscheinlicher wäre eigentlich, daß er Margharita umgebracht hätte. Othello – und so weiter. Margharita übt nämlich eine ungewöhnliche Wirkung auf Männer aus.«
»Sie ist eine gutaussehende Frau«, bemerkte Poirot mit wohlüberlegter Untertreibung.
»Es ist mehr als das. Sie hat ein gewisses Etwas. Sie pflegt die

Männer aufzupeitschen, so daß sie ganz verrückt nach ihr sind, und sich dann umzudrehen und sie mit großäugigem Erstaunen anzublicken, nicht begreifend, was sie da angerichtet hat.«
»Sie kennen sie wohl gut?«
»Mein Lieber, sie ist eine meiner besten Freundinnen – aber ich würde ihr nicht über den Weg trauen!«
»Aha«, sagte Poirot und brachte die Unterhaltung auf Commander McLaren.
»Jock? Der alte Getreue? Ein lieber Kerl. Der geborene Familienfreund. Er und Arnold waren wirklich eng befreundet. Ich glaube, Arnold öffnete sich ihm mehr als allen anderen. Und natürlich war er Margharitas Sklave – seit Jahren treu ergeben.
»Und war Mr. Clayton auch auf ihn eifersüchtig?«
»Eifersüchtig auf Jock? Was für eine Idee! Margharita mag Jock wirklich gern, aber mehr auch nicht. Ich glaube, es geht den meisten Frauen so bei ihm. Ich weiß nicht, warum. Eigentlich schade. Er ist nämlich wirklich nett.«
Poirot lenkte das Gespräch auf den Diener. Aber abgesehen von einer vagen Bemerkung, daß er einen guten Cocktail mixe, schien Linda Spence sich keine Gedanken über Burgess gemacht, ja ihn kaum bemerkt zu haben.
Aber sie begriff rasch, worauf er hinauswollte.
»Sie denken vielleicht daran, daß er Arnold ebenso leicht getötet haben könnte wie Charles. Doch das erscheint mir irrsinnig unwahrscheinlich.«
»Diese Bemerkung deprimiert mich, Madame. Aber andererseits erscheint mir irrsinnig unwahrscheinlich – obwohl Sie mir nicht zustimmen werden – nicht, daß Major Rich Arnold Clayton getötet haben soll, sondern daß er ihn auf diese Weise umgebracht hat.«
»Mit einem Stilett, meinen Sie? Ja, das paßt entschieden nicht zu ihm. Wahrscheinlicher wäre der berühmte stumpfe Gegenstand gewesen. Womöglich hätte er ihn auch erwürgen können, nicht wahr?«
Poirot seufzte.
»Da sind wir wieder bei Othello angelangt. Ja, Othello... Sie haben mir da eine kleine Idee in den Kopf gesetzt.«
»Wirklich? Was –« In diesem Augenblick wurde die Haustür aufgeschlossen und geöffnet. »Oh, da kommt Jeremy. Wollen Sie auch mit ihm reden?«
Jeremy Spence war eine angenehme Erscheinung, einiges über

dreißig Jahre alt, gut angezogen und fast auffallend diskret. Mrs. Spence erklärte, daß sie unbedingt in der Küche nach dem Rechten sehen müsse, und ließ die beiden Männer allein.
Jeremy Spence hatte nichts von der gewinnenden Offenheit seiner Frau. Es war ihm sichtlich höchst unangenehm, daß er überhaupt in diesen Fall verwickelt war, und seine sorgfältig formulierten Äußerungen verrieten nicht viel. Ja, sie kannten die Claytons seit einiger Zeit. Rich nicht so gut. Habe einen angenehmen Eindruck auf ihn gemacht. Soweit er sich entsinnen konnte, war ihm Rich an dem fraglichen Abend genauso wie sonst vorgekommen. Clayton und Rich schienen immer gut miteinander auszukommen. Das Ganze war ihm völlig unbegreiflich.
Im Laufe der Unterhaltung ließ Jeremy Spence deutlich durchblicken, daß er es sehr begrüßen würde, wenn Poirot sich möglichst bald wieder entfernen würde.
»Ich fürchte«, meinte Poirot, »daß Sie diese Fragen nicht schätzen.«
»Nun, wir haben eine ziemlich ausgedehnte Sitzung mit der Polizei hinter uns, und es langt mir nachgerade. Wir haben alles, was wir wissen oder gesehen haben, berichtet, und nun möchte ich die ganze Geschichte gern vergessen.«
»Das kann ich durchaus verstehen. Es ist höchst unangenehm, in eine solche Angelegenheit verwickelt zu sein und ausgefragt zu werden. Nicht nur nach dem, was man weiß und gesehen hat, sondern vielleicht sogar auch nach dem, was man darüber denkt.«
»Am besten, man denkt gar nicht darüber nach.«
»Aber läßt es sich vermeiden? Glauben Sie, zum Beispiel, daß Mrs. Clayton auch daran beteiligt war? Hatte sie mit Rich den Tod ihres Gatten geplant?«
»Um Himmels willen, nein!« rief Spence schockiert. »Ich hatte keine Ahnung, daß so etwas überhaupt erwogen würde.«
»Hat Ihre Gattin nicht diese Möglichkeit angedeutet?«
»Ach, Linda! Sie kennen doch die Frauen – immer hacken sie aufeinander herum. Margharita kommt bei ihrem eigenen Geschlecht nie sehr glimpflich davon – sie ist viel zu attraktiv. Aber diese Theorie, daß Rich und Margharita gemeinsam einen Mord planten – nein, das ist zu phantastisch!«
»So etwas ist schon vorgekommen. Die Waffe, zum Beispiel. Es ist eine Waffe, die man eher mit einer Frau als mit einem Mann in Zusammenhang bringt.«

»Soll das heißen, daß die Polizei ihr den Besitz der Waffe nachgewiesen hat? Das ist doch unmöglich! Ich meine...«
»Ich weiß nichts«, erklärte Poirot wahrheitsgetreu und trat schleunigst den Rückzug an.
Aus der Bestürzung, die sich in Spences Zügen malte, schloß Poirot, daß er diesem Herrn gründlich zu denken gegeben hatte!

»Sie werden mir verzeihen, Monsieur Poirot, wenn ich nicht einsehe, daß Sie mir in irgendeiner Weise behilflich sein können.«
Poirot antwortete nicht, sondern blickte nachdenklich den Mann an, der des Mordes an seinem Freund, Arnold Clayton, beschuldigt wurde.
Er betrachtete das feste Kinn, den schmalen Kopf. Ein schlanker, brünetter Mann, sehnig und kräftig. Geschmeidig wie ein Windhund. Ein Mann, dessen Gesicht nichts verriet und der seinen Besucher mit einem auffallenden Mangel an Herzlichkeit empfing.
»Ich verstehe durchaus, daß Mrs. Clayton Sie mit den besten Absichten zu mir geschickt hat. Aber, offen gestanden, war das meiner Ansicht nach ziemlich unklug von ihr. Von ihrem wie auch von meinem Standpunkt aus.«
»Inwiefern?«
Rich warf nervös einen Blick über die Schulter. Aber der anwesende Wärter stand in der vorgeschriebenen Entfernung. Rich senkte die Stimme.
»Sie müssen ein Motiv für diese lächerliche Anklage finden und werden versuchen, es so hinzustellen, als ob – eine intime Beziehung zwischen Mrs. Clayton und mir bestanden habe. Das ist jedoch, wie Ihnen Mrs. Clayton bestimmt gesagt haben wird, keineswegs der Fall. Wir waren gute Freunde, nichts weiter. Aber es erscheint doch sicherlich ratsam, daß sie keine Schritte zu meinen Gunsten unternimmt, nicht wahr?«
Hercule Poirot ging auf diesen Punkt nicht ein. Statt dessen griff er ein Wort heraus.
»Sie sprachen von dieser ›lächerlichen‹ Anklage. Lächerlich ist sie keineswegs, wissen Sie.«
»Ich habe Arnold Clayton nicht getötet.«
»Dann nennen Sie es eine falsche Anklage. Sagen Sie, die Anklage sei nicht wahr. Aber sie ist nicht lächerlich. Im Gegenteil, höchst plausibel. Das müßten Sie doch ganz gut wissen.«

»Ich kann Ihnen nur versichern, daß sie mir geradezu phantastisch erscheint.«
»Diese Ansicht wird Ihnen nicht viel helfen. Wir müssen uns schon etwas Brauchbareres ausdenken.«
»Ich werde durch meine Anwälte vertreten. Wie ich höre, haben diese einen hervorragenden Verteidiger beauftragt. Ich kann daher Ihren Gebrauch des Wortes ›wir‹ nicht akzeptieren.«
Wider Erwarten lächelte Poirot.
»Aha«, sagte er. »Ein Wink mit dem Zaunpfahl. Na schön. Ich gehe. Ich wollte Sie sehen, und ich habe Sie gesehen. Auch habe ich bereits Ihre Karriere studiert. Sie haben Ihre Eignungsprüfung für Sandhurst mit ›sehr gut‹ bestanden. Ebenso die für die Generalstabsschule. Und so weiter und so weiter. Ich habe mir heute mein eigenes Urteil über Sie gebildet. Sie sind kein dummer Mann.«
»Und was hat das mit meiner Sache zu tun?«
»Alles! Ein Mann von Ihren Fähigkeiten begeht unter keinen Umständen einen Mord auf diese Weise. Gut. Sie sind unschuldig. Nun erzählen Sie mir mal etwas über Ihren Diener Burgess.«
»Burgess?«
»Ja. Wenn Sie Clayton nicht umgebracht haben, muß Burgess es getan haben. Eine zwingende Folgerung. Aber warum? Es muß irgendeinen Grund geben. Sie sind der einzige Mensch, der Burgess hinreichend kennt, um eine Vermutung anzustellen. Warum, Major Rich, warum?«
»Ich habe keine Ahnung. Kann es mir überhaupt nicht vorstellen. Oh, ich bin denselben Gedankengängen gefolgt wie Sie. Ja, Burgess hatte Gelegenheit – als einziger außer mir. Aber ich kann es einfach nicht glauben. Burgess gehört nicht zu den Leuten, von denen man sich vorstellen kann, daß sie jemanden ermorden.«
»Wie denken Ihre Rechtsberater darüber?«
Über Richs Züge huschte ein bitterer Ausdruck.
»Meine Rechtsberater verbringen ihre Zeit damit, daß sie mich mit sanftem Nachdruck fragen, ob es nicht wahr sei, daß ich mein ganzes Leben lang unter vorübergehender Amnesie gelitten habe und wirklich nicht wisse, was ich in solchen Augenblicken tue!«
»So schlimm steht es also«, sagte Poirot. »Na, vielleicht entdecken wir, daß es Burgess ist, der unter solchen Bewußtseinsstörungen leidet. Das wäre immerhin eine Idee. Nun zur Waffe. Man hat sie

Ihnen gezeigt und Sie gefragt, ob sie Ihnen gehört, ja?«
»Sie gehört mir nicht. Ich hatte sie nie zuvor gesehen.«
»Nein, sie gehört Ihnen nicht. Sind Sie jedoch ganz sicher, daß Sie den Dolch nie zuvor gesehen haben?«
»Ja.« Er schien einen Moment zu zögern. »Eigentlich ist es eine Art Ziergegenstand. Man sieht solche Dinge in Wohnungen herumliegen.«
»Vielleicht im Salon einer Dame. Vielleicht in Mrs. Claytons Salon?«
»Auf keinen Fall!«
Die Worte wurden so laut gesprochen, daß der Wärter aufblickte.
»*Très bien*. Also nicht – aber deshalb brauchen Sie nicht so zu schreien. Aber irgendwo, irgendwann haben Sie tatsächlich etwas sehr Ähnliches gesehen. Nun, habe ich recht?«
»Ich glaube nicht... vielleicht... in einem Kuriositätenladen.«
»Höchstwahrscheinlich.« Poirot erhob sich. »Gestatten Sie, daß ich mich verabschiede?«

»Und jetzt«, sagte Hercule Poirot, »zu Burgess. Ja, endlich zu Burgess.«
Über die anderen in diesen Fall verwickelten Personen hatte er etwas in Erfahrung gebracht, entweder direkt oder indirekt. Doch niemand hatte ihm etwas über Burgess sagen können oder wollen. Er besaß keinerlei Anhaltspunkte, keine Andeutungen darüber, was für ein Mann das war. Als er Burgess sah, wußte er auch, warum.
Der Diener, der durch einen telefonischen Anruf von Commander McLaren von Poirots Besuch unterrichtet worden war, erwartete ihn in Major Richs Wohnung.
»Ich bin Hercule Poirot.«
»Ja, Sir, ich habe Sie erwartet.«
Burgess hielt ehrerbietig die Tür auf, und Poirot trat ein. Burgess nahm ihm Hut und Mantel ab und führte ihn ins Wohnzimmer.
»So«, meinte Poirot, während er sich umschaute, »hier ist es also geschehen, wie?«
»Ja, Sir.«
Ein stiller Bursche, dieser Burgess, bleichgesichtig, etwas schlaksig. Unbeholfene Haltung von Schultern und Ellbogen. Eine flache Stimme mit einem provinziellen Akzent, den Poirot nicht kannte. Ein ziemlich nervöser Mann, vielleicht – sonst keine be-

stimmten Merkmale. Es war schwer, ihn mit einer positiven Handlung irgendwelcher Art in Verbindung zu bringen. Durfte man ihm deshalb gleich alles mögliche Negative unterstellen? Er hatte jene hellblauen, unbeständigen Augen, die oberflächliche Beobachter oft mit Unehrlichkeit in Zusammenhang bringen. Dabei kann ein Lügner einem oft mit kühnem, dreistem Blick ins Gesicht sehen.
»Was geschieht mit der Wohnung?« erkundigte sich Poirot.
»Ich betreue sie noch, Sir. Major Rich hat dafür gesorgt, daß mir mein Lohn weiterhin ausgezahlt wird, und er wünscht, daß ich die Wohnung in Ordnung halte, bis... bis...«
Die Augen wanderten unbehaglich hin und her.
»Bis...«, pflichtete Poirot ihm bei. In sachlichem Ton fügte er hinzu: »Ich möchte wohl sagen, daß Major Rich fast mit Bestimmtheit dem Strafgericht überwiesen wird. Der Fall kommt wahrscheinlich innerhalb der nächsten drei Monate zur Verhandlung.«
Burgess schüttelte den Kopf, nicht ablehnend, sondern einfach verwirrt.
»Es scheint kaum möglich zu sein«, meinte er.
»Daß Major Rich ein Mörder ist?«
»Das Ganze. Die Truhe...«
Sein Blick glitt durch den Raum.
»Aha, das ist also die berühmte Truhe?«
Es war ein riesiges Möbelstück aus sehr dunklem, glänzendem Holz, mit Messing beschlagen und versehen mit einem großen antiken Schloß.
»Ein hübsches Stück«, meinte Poirot, während er hinüberging.
Die Truhe stand in der Nähe des Fensters an der Wand neben einem modernen Plattenschrank. Auf der anderen Seite befand sich eine halb offenstehende Tür, die zum Teil von einem großen bemalten Lederschirm verdeckt wurde.
»Diese Tür führt in Major Richs Schlafzimmer«, erklärte Burgess.
Poirot nickte, während seine Augen zur anderen Seite des Zimmers wanderten. Dort standen zwei Stereoplattenspieler, jeder auf einem niedrigen Tisch, von denen Kontaktschnüre herabhingen. Bequeme Sessel und ein großer Tisch vervollständigten die Einrichtung. An den Wänden hingen japanische Holzschnitte. Es war ein schöner Raum, behaglich, aber nicht luxuriös.
Sein Blick fiel wieder auf William Burgess.

»Die Entdeckung«, sagte er freundlich, »muß ein großer Schock für Sie gewesen sein.«
»Oh, ja, Sir. Das werde ich niemals vergessen.« Der Diener wurde auf einmal beredt. Die Worte strömten nur so von seinen Lippen. Vielleicht hatte er das Gefühl, durch häufige Schilderung den Vorfall aus seiner Erinnerung tilgen zu können.
»Ich war aufräumend durchs Zimmer gegangen, Sir, Gläser und so weiter. Ich hatte mich gerade gebückt, um ein paar Oliven vom Boden aufzuheben, und da sah ich es – auf dem Teppich – einen dunklen rostbraunen Fleck. Nein, der Teppich ist nicht mehr da. Er ist in der Reinigung. Die Polizei war damit fertig. Was ist das denn nur? dachte ich und sagte halb im Scherz vor mich hin: ›Es könnte beinahe Blut sein! Aber woher kommt es bloß? Was hat man vergossen?‹ Und dann entdeckte ich, daß es aus der Truhe gesickert war – hier an der Seite, wo ein Spalt ist. Und ich sagte, immer noch ohne mir etwas dabei zu denken: ›Was mag das nur sein?‹ Dann hob ich den Deckel hoch – so« – er machte es vor –, »und da war's! Die Leiche eines Mannes, der mit angezogenen Beinen auf der Seite lag, als ob er schliefe. Und dieser ausländische Dolch stak in seinem Hals. Ich werde es nie vergessen, niemals! In meinem ganzen Leben nicht! Der Schock, wissen Sie – wo ich so etwas nicht erwartet hatte...«
Er holte tief Atem.
»Ich ließ den Deckel fallen und rannte wie besessen auf die Straße, um einen Polizisten zu holen. Glücklicherweise fand ich einen, gerade um die Ecke herum.«
Poirot betrachtete den Mann nachdenklich. Die schauspielerische Leistung – wenn es eine war – war sehr gut. Aber er fürchtete allmählich, daß es sich um keine schauspielerische Leistung handelte, sondern daß sich alles genauso zugetragen hatte.
»Sie haben wohl nicht daran gedacht, zunächst einmal Major Rich zu wecken?« fragte er.
»Es ist mir überhaupt nicht eingefallen, Sir. Bei dem Schock. Ich – ich wollte nur fort von hier« – er schluckte krampfhaft –, »und – Hilfe holen.«
Poirot nickte.
»Haben Sie sich vergegenwärtigt, daß es Mr. Clayton war?«
»Das hätte man eigentlich erwarten sollen, Sir, aber ich glaube nicht, daß mir das gleich klar war. Als ich mit dem Polizisten zurückkehrte, sagte ich natürlich sofort: ›Das ist ja Mr. Clayton!‹ Und er fragte: ›Wer ist Mr. Clayton?‹ Und ich sagte: ›Er war

gestern abend hier.‹«

»Aha«, sagte Poirot, »gestern abend... Können Sie sich noch erinnern, um welche Zeit Mr. Clayton hier eintraf?«

»Nicht auf die Minute, aber ich möchte sagen, so gegen Viertel vor acht.«

»Haben Sie ihn gut gekannt?«

»Er und Mrs. Clayton waren häufig zu Gast beim Major in den anderthalb Jahren, die ich hier beschäftigt bin.«

»Machte er denselben Eindruck wie immer?«

»Ich glaube wohl. Ein wenig außer Atem; aber er hatte es schließlich sehr eilig, er wollte einen Zug erreichen, wie er sagte.«

»Er hatte sicher einen Koffer bei sich, da er doch nach Schottland fahren wollte?«

»Nein, Sir. Wahrscheinlich hat er ein Taxi unten gehabt.«

»War er enttäuscht, daß Major Rich nicht zu Hause war?«

»Es war ihm nicht anzumerken. Er sagte nur, er wolle ein paar Zeilen schreiben. Er trat in dieses Zimmer und ging zum Schreibtisch, während ich in die Küche zurückkehrte. Ich war mit den Sardelleneiern etwas im Rückstand. Die Küche liegt am Ende des Ganges, und dort hört man nicht viel. Ich habe nicht gehört, daß er fortging oder daß mein Herr zurückkam – und habe auch nicht darauf geachtet.«

»Und was geschah dann?«

»Major Rich rief mich. Er stand dort in der Tür und sagte, er habe die türkischen Zigaretten für Mrs. Spence vergessen. Er bat mich, eiligst welche zu besorgen. Das tat ich dann auch und legte sie hier auf den Tisch. Natürlich nahm ich an, daß Mr. Clayton inzwischen fortgegangen sei, um seinen Zug zu erreichen.«

»Und sonst ist niemand in die Wohnung gekommen, während Major Rich nicht zu Hause war und Sie sich in der Küche aufhielten?«

»Nein, Sir, niemand.«

»Können Sie das mit Sicherheit behaupten?«

»Wie wäre es denn möglich, Sir? Der Betreffende hätte doch klingeln müssen.«

Poirot schüttelte den Kopf. Wie wäre es auch möglich gewesen. Die Spences und McLaren und auch Mrs. Clayton konnten, das wußte er bereits, über jede Minute ihrer Zeit Rechenschaft ablegen. McLaren war mit Bekannten im Klub gewesen. Die Spences hatten vor ihrem Aufbruch ein paar Freunde zu einem

Drink bei sich gehabt. Margharita Clayton hatte um die Zeit gerade mit einer Freundin telefoniert. Ganz abgesehen davon, daß er niemand von ihnen als Täter in Betracht zog. Um Arnold Clayton zu töten, hätten sie wohl bessere Möglichkeiten gehabt, als ihm in die Wohnung des Majors zu folgen, wo ein Diener beschäftigt war und der Hausherr jeden Augenblick zurückkehren konnte. Nein, er hatte als letzte schwache Hoffnung mit einem »mysteriösen Fremden« gerechnet! Mit jemandem aus Claytons anscheinend untadeliger Vergangenheit, der ihn auf der Straße erkannt hatte und ihm hierher gefolgt war, ihn dann mit dem Stilett erstochen, die Leiche in die Truhe gesteckt und die Flucht ergriffen hatte. Das reinste Melodrama aus einem romantischen historischen Roman, ohne jede Beziehung zu Vernunft und Wahrscheinlichkeit, das aber ganz gut zu der spanischen Truhe paßte.

Er durchquerte abermals den Raum und trat an die Truhe. Er hob den Deckel, der sich leicht und geräuschlos öffnen ließ.

Mit schwacher Stimme sagte Burgess: »Sie ist gut gesäubert worden. Dafür habe ich gesorgt.«

Poirot beugte sich über die Truhe. Mit einem leisen Ausruf beugte er sich noch tiefer. Seine Finger tasteten die Innenwände ab.

»Diese Löcher hier – an der Rückwand und an einer Seite –, sie sehen so aus... sie fühlen sich so an, als ob sie erst kürzlich gemacht worden wären.«

»Löcher, Sir?« Der Diener trat erstaunt an die Truhe. »Sie sind mir noch gar nicht aufgefallen.«

»Sie springen auch nicht gerade ins Auge, sind aber vorhanden. Welchen Zweck haben sie wohl? Was meinen Sie?«

»Ich wüßte es wirklich nicht, Sir. Vielleicht stammen sie von einem Tier – ich meine, von irgendeinem Käfer, der Holz nagt.«

»Ein Tier?« meinte Poirot. »Das sollte mich doch wundern.«

Er begab sich wieder an das andere Ende des Zimmers.

»Als Sie mit den Zigaretten ins Zimmer kamen, waren die Möbel da irgendwie anders arrangiert? Der Tisch, die Stühle oder dergleichen?«

»Es ist merkwürdig, daß Sie das sagen, Sir... Jetzt, wo Sie es erwähnen, fällt es mir wieder ein. Der Schirm dort, der den Zug von der Schlafzimmertür her abhält, war ein wenig mehr nach links verschoben.«

»Etwa so?« Poirot stand plötzlich am Schirm und rückte ihn.

»Noch ein wenig mehr... Ja, so ist's richtig.«

Der Schirm, der bis dahin die Truhe schon halb verdeckt hatte, verbarg sie nun fast vollständig. »Haben Sie sich Gedanken darüber gemacht, warum er verschoben wurde?«
»Ich habe mir nichts dabei gedacht, Sir.« Burgess fügte unsicher hinzu: »Vielleicht war der Weg ins Schlafzimmer dann ungehinderter – falls die Damen ihre Mäntel dort ablegen wollten.«
»Vielleicht. Aber es könnte noch einen anderen Grund geben. Der Schirm verdeckt jetzt die Truhe und den Teppich bei der Truhe. Wenn Major Rich Mr. Clayton erstochen hatte, mußte das Blut durch die Ritzen der Truhe sickern. Das hätte jemand bemerken können – wie Sie am nächsten Morgen. Also wurde der Schirm verschoben.«
»Auf den Gedanken wäre ich nie gekommen, Sir.«
»Wie ist die Beleuchtung in diesem Zimmer, kräftig oder schwach?«
»Das will ich Ihnen gleich zeigen, Sir.«
Rasch zog der Diener die Vorhänge vor und knipste ein paar Lampen an, die ein weiches, mildes Licht gaben, kaum stark genug, um dabei zu lesen. Poirot warf einen Blick auf die Deckenbeleuchtung.
»Die Lampe an der Decke brannte nicht, Sir. Sie wird wenig benutzt.«
Poirot hielt in der gedämpften Beleuchtung Umschau.
Der Diener sagte: »Ich glaube nicht, daß der Blutfleck zu sehen gewesen wäre, Sir, es ist zu dunkel.«
»Ich denke, Sie haben recht. Warum ist dann nur der Schirm verschoben worden?«
Burgess erschauerte.
»Ein schrecklicher Gedanke – daß ein so netter Mann wie Major Rich eine solche Tat vollbringen konnte.«
»Sie zweifeln also nicht daran, daß er es getan hat? Aber warum, Burgess?«
»Nun, er hat natürlich den Krieg mitgemacht. Vielleicht hatte er eine Kopfverletzung, nicht wahr? Es heißt ja, daß solche Verletzungen sich oft nach Jahren wieder bemerkbar machen. Die Menschen werden plötzlich wunderlich und wissen nicht, was sie tun. Und man sagt ja, daß sie oft auf die losgehen, die ihnen am nächsten und teuersten sind. Glauben Sie, daß es so gewesen sein könnte?«
Poirot blickte ihn an und wandte sich seufzend ab.
»Nein«, entgegnete er, »so war es nicht.«

Eine knisternde Banknote wurde mit dem Geschick eines Taschenspielers Burgess in die Hand geschoben. »Oh, vielen Dank, Sir, aber das kann ich doch nicht annehmen.«
»Sie haben mir geholfen«, erklärte Poirot, »indem Sie mir dieses Zimmer zeigten und alles, was in dem Zimmer ist. Indem Sie mir zeigten, was an jenem Abend vor sich ging. Das Unmögliche ist nie unmöglich! Denken Sie daran. Ich sprach nur von zwei Möglichkeiten – das war falsch. Es gibt eine dritte Möglichkeit.« Hier blickte er noch einmal im Zimmer umher und schauderte ein wenig. »Ziehen Sie die Vorhänge wieder auf, und lassen Sie Licht und Luft herein. Der Raum braucht das. Er bedarf einer gründlichen Reinigung. Es wird, glaube ich, noch lange dauern, bis er von dem geläutert ist, das ihn jetzt durchzieht – von dem anhaltenden Hauch des Hasses.«
Mit offenem Mund half der Diener Poirot in den Mantel und schien ganz verwirrt zu sein. Poirot, der mit Vorliebe unverständliche Äußerungen machte, ging flotten Schrittes die Treppe hinunter auf die Straße.

Sobald Poirot zu Hause war, rief er Inspektor Miller an.
»Was ist eigentlich mit Claytons Koffer geschehen? Seine Frau sagte mir, er habe einen gepackt.«
»Er hat ihn im Klub beim Portier abgegeben und dann wohl vergessen.«
»Was enthielt er?«
»Na, das Übliche. Pyjama, ein Hemd zum Wechseln und Toilettensachen.«
»Sehr gründlich.«
»Was haben Sie denn darin vermutet?«
Poirot ging nicht auf die Frage ein, sondern sagte:
»Was den Dolch angeht, so möchte ich Ihnen den Vorschlag machen, der Putzfrau habhaft zu werden, die Mrs. Spences Haus reinigt, und sie zu fragen, ob sie jemals einen solchen Gegenstand dort herumliegen sah.«
»Mrs. Spence?« Miller pfiff vor sich hin. »Wandern Ihre Gedanken etwa in diese Richtung? Den Spences ist der Dolch gezeigt worden, sie kannten ihn nicht.«
»Fragen Sie sie noch einmal.«
»Meinen Sie etwa –«
»Und dann lassen Sie mich wissen, was sie gesagt haben.«
»Ich kann mir nicht vorstellen, was Sie entdeckt zu haben

glauben.«
»Lesen Sie *Othello*, Miller. Studieren Sie die Charaktere in *Othello*. Wir haben einen davon übersehen.«
Er legte den Hörer auf. Dann wählte er Lady Chattertons Nummer, aber die Leitung war besetzt.
Ein wenig später versuchte er es noch einmal Abermals ohne Erfolg. Er ließ seinen Diener George kommen, und gab ihm den Auftrag, die Nummer so lange anzurufen, bis er eine Antwort bekäme.
Er setzte sich in einen Sessel, streifte sorgfältig seine Lackschuhe ab, streckte seine Zehen und lehnte sich zurück.
»Ich bin alt«, sagte er vor sich hin. »Ich werde leicht müde.« Sein Gesicht erhellte sich. »Aber meine kleinen grauen Zellen funktionieren noch. Zwar langsam – aber sie funktionieren. Ja, *Othello*. Wer hatte noch davon gesprochen? Ach ja, Mrs. Spence. Der Koffer... der Schirm... die Leiche, die wie ein schlafender Mann dalag. Ein raffinierter Mord. Überlegt geplant und, wie ich glaube, mit Genuß ausgeführt!«
George meldete, daß Lady Chatterton am Apparat sei.
»Hier ist Hercule Poirot, Madame. Kann ich wohl mit Ihrem Gast sprechen?«
»Aber natürlich! Oh, Monsieur Poirot, haben Sie etwas Wundervolles geleistet?«
»Noch nicht!« erwiderte Poirot. »Aber vielleicht kommt es noch.«
Kurz darauf ließ sich Margharitas ruhige, sanfte Stimme vernehmen.
»Madame, als ich Sie fragte, ob an jenem Abend alles im Raum an seinem Platz gewesen sei, runzelten Sie die Stirn, als ob Sie sich an etwas erinnerten. Dann entfiel es Ihnen wieder. Hätte es die Stellung des Wandschirmes sein können?«
»Der Wandschirm? Aber ja, natürlich. Er stand nicht an seinem gewohnten Platz.«
»Haben Sie an dem Abend getanzt?«
»Ja, eine Zeitlang.«
»Mit wem haben Sie vor allem getanzt?«
»Mit Jeremy Spence. Er ist ein wundervoller Tänzer. Charles tanzt auch gut, aber nicht glänzend. Er tanzte mit Linda, und hin und wieder wechselten wir. Jock McLaren tanzt nicht. Er holte die Platten hervor, sortierte sie und legte die auf, die wir uns wünschten.«

»Und später hörten Sie ernste Musik?«
»Ja.«
Es entstand eine Pause. Dann sagte Margharita:
»Monsieur, was bedeutet dies alles? Haben Sie ... besteht irgendwelche Hoffnung?«
»Ist Ihnen eigentlich jemals bewußt, Madame, was die Menschen Ihrer Umgebung fühlen?«
Aus ihrer Stimme klang leichte Überraschung, als sie sagte: »Ich glaube wohl.«
»Ich glaube nicht. Ich glaube, Sie haben nicht die leiseste Ahnung. Das ist die Tragödie Ihres Lebens. Aber eine Tragödie für die anderen – nicht für Sie.
Heute erwähnte jemand mir gegenüber Othello. Ich fragte Sie, ob Ihr Gatte eifersüchtig sei, und Sie erwiderten, das müsse er wohl sein. Aber Sie sagten es ganz sorglos. Sie sagten es, wie Desdemona es gesagt haben würde, ohne eine Gefahr zu wittern. Desdemona erkannte ebenfalls Eifersucht, aber sie verstand sie nicht, weil sie selbst nie Eifersucht empfunden hatte oder empfinden konnte. Sie ahnte, glaube ich, nichts von der Gewalt einer heftigen physischen Leidenschaft. Sie liebte ihren Gatten mit der romantischen Glut einer Heldenverehrung, sie liebte ihren Freund Cassio als einen nahen Gefährten... Ich glaube, sie machte die Männer verrückt, wie sie selbst einer tiefen Leidenschaft nicht fähig war... Mache ich mich Ihnen verständlich, Madame?«
Es trat eine Pause ein, und dann ertönte Margharitas Stimme – kühl, lieblich, ein wenig verwirrt:
»Ich – ich begreife nicht ganz, was Sie da sagen ...«
Poirot seufzte und sagte in nüchternem Ton:
»Bitte erwarten Sie heute abend noch meinen Besuch.«

Inspektor Miller war nicht leicht zu überreden. Aber Hercule Poirot war auch nicht leicht abzuschütteln. Knurrend streckte Inspektor Miller schließlich die Waffen.
»... obgleich ich nicht einsehe, was Lady Chatterton damit zu tun hat.«
»Eigentlich nichts. Sie hat nur einer Freundin Unterschlupf gewährt, das ist alles.«
»Und die Sache mit den Spences – woher wußten Sie das eigentlich?«
»Daß das Stilett von dort kam? Nur eine Vermutung. Eine

Bemerkung, die Jeremy Spence machte, brachte mich auf die Idee. Ich deutete an, daß das Stilett wohl Margharita Clayton gehörte, und er zeigte mir, daß er mit Sicherheit wußte, daß dies nicht zutraf.« Nach einer kleinen Pause fragte er: »Was haben sie gesagt?«

»Gaben zu, daß es sehr einem Zierdolch glich, den sie einmal besaßen. Aber er sei ihnen vor einigen Wochen abhanden gekommen und sie hätten ihn ganz vergessen. Rich hat ihn ihnen wohl entwendet.«

»Ein Mann, der gern sichergeht, dieser Mr. Jeremy Spence«, bemerkte Poirot. Dann murmelte er vor sich hin: »Vor einigen Wochen... Ja, ja, das Planen begann vor langer Zeit.«

»Hm? Wie meinten Sie?«

»Wir sind da«, sagte Poirot, als das Taxi vor Lady Chattertons Haus in der Cheriton Street hielt, und entlohnte den Chauffeur. Margharita Clayton wartete oben im Zimmer auf sie.

Ihre Züge verhärteten sich, als sie Miller sah.

»Ich wußte nicht –«

»Sie wußten nicht, wer der Freund ist, den ich mitzubringen beabsichtigte?«

»Inspektor Miller zählt nicht zu meinen Freunden.«

»Das hängt ganz davon ab, ob Sie Gerechtigkeit ausgeübt sehen wollen oder nicht, Mrs. Clayton. Ihr Gatte ist ermordet worden –«

»Und nun müssen wir vom Täter reden«, warf Poirot ein. »Dürfen wir Platz nehmen, Madame?«

»Ich bitte Sie«, wandte sich Poirot an seine beiden Zuhörer, »mir geduldig zuzuhören. Ich glaube jetzt zu wissen, was an jenem verhängnisvollen Abend in Major Richs Wohnung geschah. Wir sind alle miteinander von einer falschen Annahme ausgegangen – von der Annahme, daß nur zwei Personen die Gelegenheit hatten, Mr. Clayton in der Truhe zu verstecken, nämlich Major Rich und William Burgess. Aber wir haben uns geirrt – es war eine dritte Person in der Wohnung, die eine ebensogute Möglichkeit hatte.«

»Und wer war das?« fragte Miller skeptisch. »Der Liftboy?«

»Nein. *Arnold Clayton.*«

»Was sagen Sie da? Er hat seine eigene Leiche versteckt?«

»Natürlich nicht seinen toten, sondern seinen lebenden Körper. Mit anderen Worten: Er hat sich in der Truhe versteckt. Ein Vorkommnis, das sich im Laufe der Geschichte oft wiederholt hat. Mir kam dieser Gedanke, sobald ich sah, daß man ganz kürzlich Löcher in die Truhe gebohrt hatte. Warum nur? Nun, damit genügend Luft in der Truhe vorhanden war. Und warum war der Wandschirm an jenem Abend verrückt worden? Um die Truhe vor den Personen im Raum zu verbergen, damit der versteckte Mann von Zeit zu Zeit den Deckel heben, seine verkrampften Glieder lockern und besser hören konnte, was gesagt wurde.«

»Aber warum?« fragte Margharita mit vor Staunen geweiteten Augen. »Was sollte Arnold veranlaßt haben, sich in der Truhe zu verstecken?«

»Das fragen Sie, Madame? Ihr Gatte war ein eifersüchtiger Mann. Aber er war sehr verschlossen. ›Zugeknöpft‹, wie Ihre Freundin, Mrs. Spence, sich ausdrückte. Seine Eifersucht wuchs und quälte ihn. Waren Sie Richs Geliebte oder nicht? Er wußte es nicht. Aber er *mußte* es wissen! Also – ein Telegramm aus Schottland, das Telegramm, das nie abgeschickt wurde, das niemand sah. Der Koffer für eine Nacht wird gepackt und zweckdienlich im Klub vergessen. Ihr Gatte hat wahrscheinlich ausfindig gemacht, wann Rich nicht zu Hause ist, und geht um diese Zeit in die Wohnung. Dem Diener sagt er, er möchte ein paar Zeilen schreiben. Sobald er allein ist, bohrt er die Löcher in die Truhe, rückt den Wandschirm zurecht und klettert in die Truhe. An diesem Abend will er die Wahrheit erfahren. Vielleicht bleibt seine Frau zurück, wenn die anderen Gäste aufbrechen, vielleicht geht sie mit und kommt später wieder zurück. An diesem Abend will der verzweifelte, von Eifersucht gequälte Mann Gewißheit erhalten...«

»Sie wollen doch wohl nicht behaupten, daß er sich selbst erstochen hat?« Millers Stimme klang ungläubig.

»O nein, jemand anders hat ihn erstochen. Jemand, der wußte, daß er sich in der Truhe versteckt hielt. Es war schon ein regelrechter Mord. Ein sorgfältig erwogener, von langer Hand geplanter Mord. Denken Sie an die anderen Charaktere in *Othello*. An Jago hätten wir uns erinnern sollen. Ein listiges Vergiften von Arnold Claytons Gedanken durch versteckte Andeutungen und Winke. Der ehrliche Jago, der treue Freund, der Mann, dem man immer Glauben schenkt! Arnold Clayton glaubte ihm. Arnold Clayton gestattete ihm, seine Eifersucht zu nähren und sie bis ins Maßlose zu steigern. Ist Arnold Clayton wohl selbst auf die Idee gekommen, sich in der Truhe zu verstecken? Er hat es sich vielleicht eingebildet und wahrscheinlich auch geglaubt. Und so wird die Sache in Szene gesetzt. Das vor einigen Wochen unauf-

fällig entwendete Stilett ist griffbereit. Der Abend kommt heran. Die Lichter sind gedämpft, das Grammophon spielt, zwei Paare tanzen, der überzählige Mann macht sich am Plattenschrank zu schaffen, der dicht neben der spanischen Truhe und ihrem verhüllenden Schirm steht. Hinter den Schirm schlüpfen, den Deckel heben und zustechen – verwegen, aber ganz leicht!«
»Clayton hätte aber aufgeschrien!«
»Nicht wenn er betäubt war«, entgegnete Poirot. »Nach Aussage des Dieners lag Clayton wie im Schlaf da. Und er war auch in einen Schlaf versetzt worden, und zwar durch den Mann, der einzig und allein in der Lage gewesen war, ihn zu betäuben. Der Mann, mit dem er im Klub zusammen ein Glas getrunken hatte.«
»Jock?« ertönte Margharitas helle Stimme in kindlicher Überraschung. »Jock? Nicht der gute alte Jock. Meine Güte, ich kenne Jock mein ganzes Leben lang! Warum in aller Welt sollte Jock –«
Poirot fiel ihr heftig ins Wort.
»Warum haben zwei Italiener sich duelliert? Warum hat ein junger Mann sich erschossen? Jock McLaren ist ein verschlossener Mensch. Er hatte sich vielleicht damit abgefunden, Ihnen und Ihrem Gatten ein treuer Freund zu sein. Aber dann kommt Major Rich auch noch hinzu. Das ist zuviel! Blind vor Haß und Begierde plant er einen fast perfekten Mord – einen Doppelmord, denn Rich würde mit ziemlicher Sicherheit für schuldig befunden werden. Und wenn beide Nebenbuhler – Rich und Ihr Gatte – aus dem Weg sind, dann, so nimmt er an, werden Sie sich endlich ihm zuwenden. Und das hätten Sie vielleicht auch getan, Madame – wie?«
Mit vor Entsetzen geweiteten Augen starrte sie ihn an. Fast unbewußt flüsterte sie:
»Vielleicht... Ich weiß es nicht...«
Inspektor Miller ließ sich mit plötzlicher Autorität vernehmen.
»Das ist ja alles ganz schön und gut, Poirot. Aber doch nur eine Theorie, weiter nichts. Sie haben nicht den geringsten Beweis dafür. Wahrscheinlich ist kein wahres Wort an der Geschichte.«
»Sie stimmt von A bis Z.«
»Aber es ist kein Beweis vorhanden. Wir haben keine Veranlassung, einzuschreiten.«
»Sie irren sich. Ich glaube, McLaren wird es zugeben, wenn Sie ihn vor die vollendete Tatsache stellen, das heißt, wenn Sie ihm deutlich zu verstehen geben, daß Margharita Clayton im Bilde

ist.«
Poirot brach ab und setzte dann hinzu:
»Denn sobald er *das* weiß, hat er verloren... Der perfekte Mord ist vergebens gewesen.«

Das Geheimnis des blauen Kruges

Jack Hartington war ärgerlich. Er hatte wieder einmal zu hoch geschlagen. Jetzt stand er neben dem Ball und blickte, die Entfernung abschätzend, zum Abschlagmal zurück. Mit einem Seufzer zog er seinen metallenen Golfschläger aus dem Futteral, aber zwei weitere fehlerhafte Schläge vernichteten lediglich ein paar Löwenzahnblüten und ein Büschel Gras.
Mit fünfundzwanzig Jahren seinen Stil im Golf zu verbessern, war nicht leicht, besonders dann nicht, wenn man, wie er, gezwungen war, die meiste Zeit damit zu verbringen, seinen Lebensunterhalt zu verdienen. Fünf und einen halben Tag der Woche mußte Jack in einem düsteren Büro schuften. Die Wochenenden aber waren einzig und allein seiner Passion gewidmet. Um jedoch auch an den Wochentagen seinem geliebten Sport frönen zu können, hatte sich Jack in einem kleinen Hotel in der Nähe des Golfplatzes von Stourton Heath eingemietet. Täglich stand er um sechs Uhr früh auf, um eine Stunde zu trainieren, bevor er den Zug um acht Uhr sechsundvierzig in die Stadt nehmen mußte.
Auch mit seinem Spezialschläger hatte er kein Glück. Es war zum Verzweifeln. Immer, wenn der Ball auf eine kurze Distanz geschlagen werden sollte, schoß er mindestens um das Vierfache über sein Ziel hinaus. Jack seufzte, nahm seinen Schläger fest in die Hand und gab sich selber den Befehl: »Linker Arm ganz durchgedrückt, nicht hochschauen!«
Er holte aus und hielt sofort inne, als ein schriller Schrei die Stille des Sommermorgens durchbrach. Er war wie versteinert.
»Mord!« rief es, »Hilfe! Mord!« Es war eine Frauenstimme, die schließlich in einer Art gurgelndem Seufzer erstarb.
Jack schleuderte seinen Schläger fort und rannte in die Richtung, aus der der Schrei gekommen war. Es mußte ganz in der Nähe sein. Dieser Teil des Golfplatzes war unkultiviertes Land, und es gab hier nur wenige Häuser. Eigentlich stand nur ein einziges in der Nähe, ein kleines, malerisches Landhäuschen, das Jack schon oft wegen seiner architektonischen Feinheiten aufgefallen war. Es war durch einen heidekrautbewachsenen Abhang verborgen, er

umging ihn, und in weniger als einer Minute stand er vor dem kleinen verschlossenen Tor.
Im Garten stand ein Mädchen, und einen Augenblick lang glaubte Jack, daß sie um Hilfe gerufen hatte. Aber dann änderte er seine Meinung.
Sie hatte einen kleinen Korb mit Unkraut in der Hand. Offenbar hatte sie ihre Arbeit, ein großes Stiefmütterchenbeet zu jäten, gerade beendet. Ihre Augen, bemerkte Jack, waren selbst wie Stiefmütterchen, samtig, weich und dunkel, und mehr violett als blau. In ihrem einfachen lila Leinenkleid sah sie auch aus wie ein Stiefmütterchen.
Das Mädchen blickte Jack mit einem Ausdruck zwischen Verärgerung und Erstaunen an.
»Verzeihung«, sagte der junge Mann, »aber haben Sie eben geschrien?«
»Ich? Nein, wirklich nicht.«
Ihre Überraschung war so echt, daß Jack seine Frage peinlich war. Ihre Stimme war weich und klang mit einem leichten ausländischen Akzent sehr reizvoll.
»Aber Sie müssen es gehört haben!« rief er aus. »Es kam von irgendwo hier in der Nähe.«
Sie sah ihn verwundert an. »Ich habe überhaupt nichts gehört.«
Jetzt starrte Jack sie an. Es war völlig unmöglich, daß sie diesen gequälten Hilferuf nicht gehört hatte. Und doch strahlte sie eine solche Ruhe aus, daß er nicht glauben konnte, daß sie ihn anlog.
»Was wurde denn gerufen?« fragte sie.
»Mord, Hilfe, Mord!«
»Mord, Hilfe, Mord«, wiederholte das Mädchen. »Jemand hat sich einen Scherz mit Ihnen erlaubt, Monsieur. Wer könnte hier schon umgebracht werden?«
Jack sah sich um. Er hatte die fixe Idee, irgendwo auf dem Gartenweg eine Leiche zu finden. Er war immer noch überzeugt davon, daß der Schrei, den er gehört hatte, echt gewesen und kein Produkt seiner Einbildung war. Er blickte zu den Fenstern des kleinen Landhauses hoch. Alles schien völlig ruhig und friedlich zu sein.
»Wollen Sie vielleicht unser Haus durchsuchen?« erkundigte sich das Mädchen ironisch.
Sie war so voller Skepsis, daß Jacks Verwirrung immer größer wurde. Er wandte sich ab.
»Es tut mir leid«, sagte er. »Der Hilferuf muß von weiter oben aus

dem Wald gekommen sein.«
Er zog seine Mütze und ging. Während er über die Schulter zurückblickte, sah er, daß das Mädchen ruhig ihre Gartenarbeit wiederaufgenommen hatte.
Einige Zeit durchstreifte er den Wald, aber er konnte nichts Ungewöhnliches feststellen. Trotzdem er war so sicher wie zuvor, daß er diesen Schrei vernommen hatte. Schließlich gab er seine Suche auf, eilte zurück nach Hause, um hastig sein Frühstück hinunterzustürzen und den Zug noch rechtzeitig zu erwischen.
Sein Gewissen drückte ihn ein wenig, als er im Zug saß. Hätte er nicht sofort der Polizei melden müssen, was er gehört hatte? Daß er es nicht tat, war einzig und allein der Reaktion des Mädchens zuzuschreiben. Sie hatte ihn ganz sicher verdächtigt, daß er anbändeln wollte. Wahrscheinlich hätte die Polizei das gleiche vermutet. Hatte er den Schrei wirklich gehört?
Mittlerweile war er nicht mehr so sicher wie vorher. Vielleicht war es der Schrei eines Vogels gewesen, den er für eine Frauenstimme gehalten hatte? Ärgerlich verwarf er diesen Gedanken. Es war eine Frauenstimme gewesen, und er hatte sie gehört. Er erinnerte sich, kurz vor dem Schrei auf die Uhr geblickt zu haben. Es war fünfundzwanzig Minuten nach sieben gewesen, wenn er sich recht erinnerte. Das könnte ein brauchbarer Hinweis für die Polizei sein, falls irgend etwas entdeckt werden sollte.
Als er an diesem Abend nach Hause fuhr, studierte er die Abendzeitung sorgfältig, um zu sehen, ob irgend etwas über ein Verbrechen erwähnt war. Er fand nichts, und er wußte nicht, ob er darüber erleichtert oder enttäuscht sein sollte.
Der folgende Morgen war naß, so naß, daß wohl auch der fanatischste Golfspieler seinen Eifer gezügelt hätte. Jack stand in der letzten Minute auf, schlang sein Frühstück hinunter und rannte, um seinen Zug zu erreichen. Wiederum durchsuchte er eifrig die Zeitung. Immer noch kein Bericht über irgendeine grausige Entdeckung. Die Abendzeitung brachte auch nichts.
Eigenartig, sagte sich Jack. Aber das wird es sein – ein paar kleine Jungen, die im Wald gespielt haben.
Am nächsten Morgen war er schon früh draußen. Als er an dem kleinen Landhaus vorbeikam, sah er mit einem Seitenblick das Mädchen, das im Garten wieder Unkraut zupfte. Offenbar eine Gewohnheit von ihr.
Er schlug seinen Ball in ihre Nähe, in der Hoffnung, daß sie ihn bemerken würde. Als er auf sein nächstes Ziel zuging, sah er auf

die Uhr. »Gerade wieder fünfundzwanzig Minuten nach sieben«, murmelte er. »Ich bin gespannt...«
Die Worte erstarben ihm auf den Lippen.
Hinter ihm ertönte der gleiche Schrei, der ihn schon einmal entsetzt hatte. Eine Frauenstimme rief in schrecklicher Bedrängnis:
»Mord! Hilfe! Mord!
Jack jagte zurück. Das Mädchen mit den Stiefmütterchenaugen stand an der Pforte. Sie hob erstaunt den Kopf, als Jack triumphierend auf sie zulief und ausrief:
»Diesmal haben Sie es aber gehört!«
Sie musterte ihn von oben bis unten, so daß Jack unbehaglich von einem Fuß auf den anderen trat. Er spürte, wie sie vor ihm zurückschreckte, und als er auf sie zuging, sah sie sich ängstlich um, als sei sie bereit, ins Haus zu rennen, um Schutz zu suchen.
Sie schüttelte den Kopf und starrte ihn verständnislos an.
»Ich habe überhaupt nichts gehört«, sagte sie.
Es war, als hätte sie ihm einen Schlag versetzt. Sie sagte das so überzeugend, daß er ihr glauben mußte. Trotzdem, er konnte es sich nicht eingebildet haben – es konnte nicht sein, nein, es konnte keine Einbildung sein.
Ihre Stimme klang fast ein wenig mitleidig, als sie ihn fragte: »Sie haben wohl früher mal einen Schock erlitten, was?«
Nun begriff er den Ausdruck der Furcht, ihren verstohlenen Blick zum Fenster. Sie glaubte, er habe Halluzinationen.
Und dann, wie eine kalte Dusche, kam ihm der fürchterliche Gedanke: Hatte sie recht? Litt er wirklich an einer Sinnestäuschung? Entsetzt über diese Möglichkeit, drehte er sich abrupt um und stolperte ohne ein Wort der Erklärung davon. Das Mädchen schaute ihm nach, seufzte und bückte sich kopfschüttelnd, um weiterzujäten.
Jack bemühte sich, die Dinge mit sich selbst ins reine zu bringen. Wenn ich diesen verdammten Schrei wieder um fünfundzwanzig Minuten nach sieben höre, sagte er sich, steht fest, daß ich irgendeine Halluzination habe. Aber, das wird nicht noch einmal passieren.
Den ganzen Tag über war er nervös. Er ging frühzeitig zu Bett, entschlossen, die Sache am nächsten Morgen aufzuklären.
Es war verständlich, daß er fast die halbe Nacht wach lag und schließlich sogar noch verschlief. Es war schon zwanzig Minuten nach sieben, als er aus dem Hotel herauskam und die Abhänge

hinunterrannte. Er sah ein, daß er bis fünfundzwanzig nach sieben den Platz nicht mehr erreichen konnte. Andererseits, wenn dieser Schrei tatsächlich eine Halluzination war, würde er ihn auch woanders hören. Er rannte weiter. Sein Blick klebte auf dem Zifferblatt seiner Armbanduhr.
Fünfundzwanzig nach sieben.
Von weit her kam das Echo einer Frauenstimme. Die Worte waren nicht erkennbar, aber er war überzeugt, es war der gleiche Schrei, den er zuvor gehört hatte, und er kam aus derselben Richtung, irgendwo in der Nähe des kleinen Landhauses.
Eigenartigerweise beruhigte ihn diese Tatsache. Es könnte immerhin ein Schabernack sein. So unwahrscheinlich es schien, aber auch dieses Mädchen selbst könnte sich einen Streich mit ihm erlauben. Er richtete sich resolut auf und nahm einen Schläger aus seiner Golftasche. Er würde die ersten Löcher bis zum Landhaus spielen.
Das Mädchen war, wie gewöhnlich, im Garten. Sie sah zu ihm auf, und als er seine Mütze zog, sagte sie schüchtern:
»Guten Morgen!«
Sie erschien ihm liebenswürdiger als je zuvor.
»Ein schöner Tag, nicht wahr?« rief Jack munter und verwünschte sich, weil ihm nichts Besseres eingefallen war.
»Ja, wirklich, sehr schön.«
»Gut für den Garten, nehme ich an.«
Das Mädchen lächelte und zeigte dabei faszinierende Grübchen.
»Leider nein. Meine Blumen brauchen Regen. Sehen Sie, sie sind schon ganz vertrocknet.«
Jack faßte dies als Einladung auf und trat an die niedrige Hecke, die den Garten vom Golfplatz trennte.
»Mir scheinen sie in Ordnung«, bemerkte er unbeholfen und wand sich unter dem leicht mitleidigen Blick des Mädchens.
»Die Sonne tut gut, nicht wahr?« fragte sie. »Die Blumen kann man ja immer noch gießen, aber die Sonne gibt Kraft und erneuert die Gesundheit. Monsieur geht es heute viel besser, wie ich sehe.«
Ihr ermunternder Ton ärgerte Jack.
Verflixt, dachte er, ich glaube, sie versucht mich durch Suggestion zu kurieren.
»Ich bin völlig gesund«, sagte er irritiert.
»Dann ist es ja gut«, antwortete das Mädchen rasch und besänfti-

gend.
Jack hatte das ungewisse Gefühl, daß sie ihm nicht glaubte.
Er spielte noch eine Weile und eilte dann zurück zu seinem Frühstück. Während er aß, spürte er – und nicht zum ersten Mal – den forschenden Blick eines Mannes an seinem Nebentisch. Er war ein Herr mittleren Alters mit einem kraftvollen, energischen Gesicht. Er trug einen schmalen dunklen Bart und hatte graue durchdringende Augen. Sein sicheres Auftreten ließ darauf schließen, daß er der höheren Gesellschaftsschicht angehörte. Jack wußte, daß er Lavington hieß, und hatte vage Gerüchte über sein Ansehen als Mediziner gehört. Da Jack jedoch kein häufiger Besucher der Harley Street war, hatte ihm dieser Name wenig oder eigentlich gar nichts bedeutet.
Heute morgen spürte er wieder diese stille Beobachtung. Es erschreckte ihn ein wenig. War ihm sein Geheimnis schon deutlich ins Gesicht geschrieben, so deutlich, daß es jeder sehen konnte? Wußte dieser Mann durch seine berufliche Erfahrung, daß bei ihm irgend etwas nicht stimmte? Jack schauderte bei diesem Gedanken. War es wahr? Wurde er wirklich langsam wahnsinnig? War die ganze Sache tatsächlich eine Halluzination, oder erlaubte sich doch nur jemand einen Scherz mit ihm?
Plötzlich kam ihm eine Idee, wie er der Sache auf die Spur kommen könnte. Bisher war er bei seinen Runden immer allein gewesen. Angenommen, jemand war bei ihm? Dann mußte eines von drei Dingen passieren: der Schrei wiederholte sich überhaupt nicht; sie könnten ihn beide hören; oder nur er allein würde ihn hören.
An diesem Abend begann er seinen Plan in die Tat umzusetzen. Lavington war der Mann, den er dazu brauchte. Eine Unterhaltung anzubahnen, war nicht schwer. Dem älteren Mann mochte es vielleicht ganz recht sein. Es war klar, daß Jack ihn aus dem einen oder anderen Grund interessierte. So ergab es sich fast von selbst, daß sie verabredeten, am folgenden Morgen vor dem Frühstück zusammen eine Partie Golf zu spielen.
Kurz vor sieben machten sie sich auf den Weg. Es war ein herrlicher Tag, strahlend und wolkenlos, aber noch nicht zu warm. Der Doktor spielte gut, Jack jämmerlich. Er dachte nur an den Schrei. Immer wieder schielte er verstohlen auf seine Armbanduhr. Sie erreichten die siebte Markierung – zwischen dieser und dem nächsten Loch lag das Landhaus – ungefähr um zwanzig Minuten nach sieben. Das Mädchen stand, wie immer, im Garten,

als sie vorbeikamen. Sie sah nicht auf.
Die beiden Golfbälle lagen im Gras, Jacks in der Nähe des Loches, der des Doktors ein wenig weiter weg.
»Das ist meiner«, sagte Lavington. »Ich glaube, ich muß etwas kräftiger zuschlagen.«
Er bückte sich und schätzte die Strecke ab. Jack starrte auf die Uhr. Es war genau fünfundzwanzig Minuten nach sieben.
Der Ball huschte über das Gras, stoppte vor dem Loch, zögerte und fiel hinein.
»Ein guter Schlag«, lobte Jack. Mit einem Seufzer der Erleichterung schob er seine Uhr am Arm hinauf. Es war nichts geschehen. Der Zauber war gebrochen.
»Wenn es Ihnen nichts ausmacht, eine Minute zu warten«, sagte er, »würde ich mir gern eine Pfeife stopfen.«
Sie verweilten kurze Zeit bei der achten Markierung.
Jack füllte seine Pfeife und zündete sie mit zitternden Händen an. Eine große Last schien ihm von der Seele genommen zu sein.
»Gott, was für ein schöner Tag!« rief er und genoß die Aussicht. »Machen Sie weiter, Lavington, Sie sind dran.«
Und dann hörte er es. Gerade in dem Moment, als der Doktor zuschlug. Eine Frauenstimme, schrill und gequält.
»Mord! Hilfe! Mord!«
Die Pfeife fiel Jack aus der Hand. Er schnellte in die Richtung, aus der der Schrei gekommen war. Dann starrte er atemlos auf seinen Begleiter.
Lavington beschattete seine Augen mit der Hand und blickte auf den Rasen.
»Ein bißchen kurz«, sagte er, »aber ich glaube, er ist doch noch hineingerutscht.«
Er hatte nichts gehört!
Die Welt schien sich verkehrt um Jack zu drehen. Er wankte.
Als er wieder zu sich kam, lag er auf dem kurzgeschnittenen Rasen, und Lavington beugte sich über ihn.
»So, schön ruhig bleiben, es ist ja alles gut!«
»Was ist passiert?«
»Sie wurden ohnmächtig, junger Mann. Zumindest sah es so aus.«
»Mein Gott!« stöhnte Jack,
»Was ist los? Stimmt etwas nicht mit Ihnen?«
»Ich erzähle es Ihnen gleich, aber zuerst möchte ich Sie etwas fragen.«

Der Arzt zündete seine Pfeife an und setzte sich auf eine Bank.
»Fragen Sie alles, was Sie wollen«, sagte er tröstend.
»Sie haben mich in den letzten paar Tagen beobachtet. Warum?«
Lavington zwinkerte mit den Augen und antwortete: »Das ist eine ziemlich direkte Frage. Ich darf Sie doch anschauen.«
»Halten Sie mich nicht hin. Ich meine es ernst. Warum? Ich habe einen triftigen Grund für diese Frage.«
Lavingtons Gesicht wurde ernst.
»Ich will Ihnen ganz ehrlich antworten. Ich entdeckte an Ihnen alle Anzeichen einer akuten Belastung, unter der Sie zu leiden haben. Selbstverständlich interessierte es mich, herauszufinden, was der Grund hierfür sein könnte.«
»Das kann ich Ihnen leicht erklären«, sagte Jack bitter. »Ich bin auf dem Weg, irrsinnig zu werden.«
Er hielt dramatisch inne, aber da sich Lavington von seiner Enthüllung weniger beeindruckt zeigte, als er es erwartet hatte, wiederholte er:
»Ich sage Ihnen, ich werde wahnsinnig!«
»Seltsam«, murmelte Lavington. »Wirklich, sehr seltsam.«
Jack fühlte etwas wie Ärger in sich hochsteigen.
»Ist das alles, was Ihnen einfällt. Ärzte sind so verdammt gefühllos!«
»Bitte, bitte, mein junger Freund, Sie irren sich. Zunächst einmal praktiziere ich nicht Medizin, obgleich ich darin mein Examen gemacht habe. Genau gesagt, ich bin kein Arzt, das heißt, kein Arzt für den Körper.«
Jack betrachtete ihn neugierig.
»Für den Geist?«
»Ja, ungefähr. Aber genauer gesagt, ich nenne mich einen Doktor der Seele.«
»Aha!«
»Ihrem geringschätzigen Ton entnehme ich, daß Sie damit nicht viel anzufangen wissen. Aber man muß für die Seele doch eine Bezeichnung finden, nicht wahr? Sehen Sie, junger Mann, Seele, das ist nicht nur eine von Geistlichen erfundene religiöse Formulierung. Wir nennen es den Geist oder das Unbewußte. Nehmen Sie jeden anderen Ausdruck, der Ihnen besser gefällt. Sie haben sich vorher an meinen Worten gestoßen, aber ich kann Ihnen versichern, daß es mich wirklich sehr seltsam berührt hat, daß ein so ausgeglichener und normal wirkender junger Mann wie Sie

von sich glaubt, er werde wahnsinnig werden.«
»Ich bin schon wahnsinnig. Vollkommen verrückt, jawohl.«
»Entschuldigen Sie, wenn ich das sage, aber ich glaube Ihnen nicht.«
»Ich habe gewisse Wahnvorstellungen.«
»Nach dem Abendessen?«
»Nein, morgens.«
»Das gibt es nicht«, sagte der Arzt und zündete seine Pfeife wieder an.
»Ich sage Ihnen, ich höre Dinge, die sonst niemand hört.«
»Von tausend Menschen kann einer die Monde des Jupiter sehen. Wenn die anderen neunhundertneunundneunzig sie nicht sehen können, so ist das kein Grund, an ihrer Existenz zu zweifeln, und ganz gewiß kein Grund, den tausendsten Menschen einen Irren zu nennen.«
»Die Jupitermonde sind eine wissenschaftlich erwiesene Tatsache.«
»Es ist ganz leicht möglich, daß Wahnvorstellungen von heute schon morgen als wissenschaftliche Tatsachen zu beweisen sind.«
Lavingtons bestimmte Art machte auf Jack Eindruck. Er fühlte sich gleichermaßen getröstet und aufgemuntert. Der Arzt blickte ihn eine Weile aufmerksam an. Dann nickte er.
»So ist's schon besser«, meinte er. »Das Schlimme mit euch jungen Leuten ist, daß ihr so überzeugt seid, außerhalb eurer eigenen Philosophie könne nichts existieren. Und wenn irgend etwas geschieht, das nicht in eure Anschauung paßt, gebt ihr einfach auf. Erzählen Sie mir, aus welchem Grund Sie glauben, Sie werden verrückt. Dann werden wir weitersehen.«
Ehrlich und ohne Umschweife berichtete Jack von den Ereignissen.
»Was ich nicht verstehen kann«, schloß er, »ist, daß es heute morgen um halb acht, also fünf Minuten später, kam.«
Lavington überlegte einen Moment. Dann fragte er:
»Wie spät ist es jetzt auf Ihrer Uhr?«
»Viertel vor acht«, sagte Jack.
»Dann ist es leicht zu erklären. Meine Uhr ist zwanzig vor acht. Ihre wird also fünf Minuten vorgehen. Das ist der interessanteste und wichtigste Punkt für mich. Sogar unschätzbar wichtig.«
»Wieso?«
»Nun, es sieht so aus, als ob Sie am ersten Morgen tatsächlich

einen Schrei gehört hätten. Vielleicht war es ein Scherz, vielleicht auch nicht. An den folgenden Morgen suggerierten Sie sich selbst, ihn um die ganz gleiche Zeit wieder zu hören.«
»Ich bin sicher, daß ich ihn wirklich gehört habe.«
»Sie haben sich das nicht bewußt eingeredet. Aber das Unterbewußtsein spielt uns manchmal reichlich komische Streiche. Jedenfalls, diese Erklärung ist nichts wert. Wenn es ein Fall von Selbstsuggestion wäre, dann hätten Sie den Schrei genau dann gehört, als es auf Ihrer Uhr sieben Uhr fünfundzwanzig war.«
»Und nun?«
»Nun liegt es auf der Hand, daß dieser Hilferuf an einen bestimmten Platz und an eine bestimmte Zeit gebunden ist. Der Platz ist die Umgebung des Landhauses, und die Zeit ist fünfundzwanzig Minuten nach sieben.«
»Ja, aber warum sollte ausgerechnet ich derjenige sein, der ihn hört? Ich glaube nicht an Geister und dieses Spuktheater, Geisterbeschwörung und solchen Kram. Weshalb sollte gerade ich den verdammten Schrei hören?«
»Das können wir im Moment noch nicht sagen. Es ist seltsam, daß viele der besten Medien voller Skepsis sind. Nicht die Leute, die an okkulten Phänomenen interessiert sind, haben übernatürliche Kräfte. Manche Menschen sehen und hören Dinge, die andere nicht hören. Wir wissen nicht, warum. Und von zehn wollen es neun nicht hören oder sehen und sind überzeugt, daß sie an Wahnvorstellungen leiden, genau wie Sie.
Es ist wie mit der Elektrizität. Manche Substanzen sind gute Leiter, andere nicht, und lange wußten wir nicht, weshalb, und mußten uns damit zufriedengeben, diese Tatsache zu akzeptieren. Heute wissen wir, weshalb. Eines Tages werden wir auch wissen, warum Sie den Schrei hörten und das Mädchen und ich nicht.
Jedes Ding untersteht einem natürlichen Gesetz. Es gibt in Wirklichkeit nichts Übernatürliches. Diese Gesetze zu finden, die die sogenannten psychischen Phänomene beherrschen, wird eine schwere Aufgabe sein. Jeder kleinste Hinweis hilft.«
»Aber was soll ich machen?« fragte Jack.
Lavington schmunzelte.
»Praktisch, wie ich merke. Nun, mein junger Freund, Sie werden gehen und kräftig frühstücken. Dann werden Sie in die Stadt fahren und sich nicht weiter den Kopf über Dinge zerbrechen, die Sie doch nicht verstehen. Ich andererseits werde ein wenig

herumschnüffeln und sehen, was ich über dieses Landhaus dahinten herausfinden kann. Dort liegt das Zentrum des Geheimnisses, darauf möchte ich schwören.«
Jack erhob sich.
»Gut, Sir«, sagte er, »ich gehe Aber ich meine...«
»Ja?«
Jack wurde verlegen
»Ich bin sicher, daß das Mädchen in Ordnung ist«, murmelte er.
Lavington schien sich zu amüsieren.
»Sie haben mir nicht gesagt, daß es sich um ein hübsches Mädchen handelt. Na, halten Sie die Ohren steif Ich bin überzeugt, daß das Geheimnis schon bestand, bevor sie herkam.«
Voller Neugierde kam Jack an diesem Abend nach Hause. Er war jetzt soweit, Lavington blind zu vertrauen. Der Arzt hatte die Geschichte so natürlich aufgenommen und so realistisch behandelt, daß Jack tief beeindruckt war.
Sein neuer Freund wartete in der Halle schon auf ihn, als er zum Abendessen herunterkam.
»Etwas Neues, Sir?« fragte Jack begierig.
»Ich habe mich ein wenig über die verschiedenen Besitzer des Heather-Landhauses erkundigt. Zuerst war es von einem alten Gärtner und seiner Frau bewohnt. Als der Mann starb, ging die Frau zu ihrer Tochter. Dann erwarb es ein Baumeister, modernisierte es und verkaufte es an einen Herrn aus der Stadt, der es als Wochenendhaus benutzte. Ungefähr vor einem Jahr verkaufte der es an Mr. und Mrs. Turner. Das muß ein ziemlich eigenartiges Paar gewesen sein, soweit ich feststellen konnte. Er war Engländer, und seine Frau soll eine Halbrussin gewesen sein, sehr schön und sehr exotisch, wie man mir sagte. Sie lebten sehr zurückgezogen, besuchten niemanden und gingen kaum einmal in den Garten hinaus. Das Gerücht geht um, daß sie vor irgend etwas Angst hatten. Aber ich glaube, darauf sollten wir uns nicht verlassen.
Und eines Tages zogen sie ganz plötzlich aus. Sie kamen niemals wieder. Mr. Turner beauftragte lediglich einen Agenten aus London, das Haus und die Möbel so schnell wie möglich zu verkaufen.
Der nächste Besitzer hieß Mr. Mauleverer. Er wohnte tatsächlich nur vierzehn Tage darin, dann inserierte er, daß das Haus möbliert zu haben sei. Die Leute, denen es jetzt gehört, sind ein schwindsüchtiger französischer Professor und seine Tochter. Sie

sind erst zehn Tage dort.«
Jack hatte schweigend zugehört.
»Ich sehe nicht, wie uns das weiterbringen kann. Oder Sie?« fragte er endlich.
»Ich möchte noch mehr über die Turners wissen«, antwortete Lavington ruhig. »Sie verschwanden so sang- und klanglos, ganz frühmorgens. Soviel ich feststellen konnte, hat niemand ihr Weggehen bemerkt. Mr. Turner ist seitdem schon gesehen worden, aber ich kann niemanden finden, der Mrs. Turner je wiedergesehen hätte.«
Jack wurde kreidebleich.
»Das kann nicht sein! Sie meinen doch nicht...«, stammelte er.
»Regen Sie sich nicht auf, junger Freund. Der Einfluß eines jeden kurz vor dem Tod, und speziell vor einem gewaltsamen Tod, auf seine Umgebung ist sehr stark. Diese Umgebung mag den Einfluß absorbiert haben, um ihn auf einen passend eingestellten Empfänger wieder auszustrahlen. In diesem Fall auf Sie.«
»Aber warum ich?« rief Jack rebellierend. »Weshalb nicht jemand anders, der etwas damit anfangen kann?«
»Sie betrachten diese Kraft als intelligent und überlegend. Sie ist blind und mechanisch. Ich glaube selbst nicht an erdgebundene Geister, die zu einem bestimmten Zweck irgendwo spuken. Aber ich habe immer und immer wieder Dinge gesehen, so daß ich kaum mehr glauben kann, daß es reiner Zufall ist. Meiner Meinung nach ist es so eine Art dunkles Umhertasten nach der Gerechtigkeit, eine unterirdische Bewegung blinder Kräfte, die immer verborgen nach dieser Richtung arbeiten.«
Er schüttelte sich, als hätte irgend etwas von ihm Besitz ergriffen und belaste ihn, dann wandte er sich mit einem Lächeln an Jack.
»Lassen Sie uns die Geister verbannen, jedenfalls für heute abend«, schlug er vor.
Nur zu gern stimmte Jack zu, aber er hatte Mühe, damit fertig zu werden.
Während des Wochenendes stellte Jack selber Nachforschungen an, konnte aber nicht mehr als der Doktor ermitteln. Auf jeden Fall hatte er es aufgegeben, vor dem Frühstück Golf zu spielen.
Was dann passierte, kam völlig unerwartet.
Als er eines Tages zurückkam, wurde ihm mitgeteilt, daß ihn eine junge Dame sprechen wolle. Zu seiner Überraschung stellte sich heraus, daß es das Mädchen aus dem Garten war, das Stiefmütter-

chen-Mädchen, wie er sie in Gedanken immer genannt hatte. Sie war sehr nervös und durcheinander.
»Ich hoffe, Sie verzeihen mir, Monsieur, daß ich einfach hierherkomme, um Sie zu sprechen. Aber ich muß Ihnen etwas erzählen. Ich...«
Sie blickte sich unsicher um.
»Gehen wir hier hinein, sagte Jack und führte sie in den Salon des Hotels, ein trostloses Zimmer in rotem Plüsch.
»Bitte, setzen Sie sich doch, Miss... Miss...«
»Marchaud, Monsieur, Felise Marchaud.«
»Nehmen Sie bitte Platz, Mademoiselle Marchaud, und erzählen Sie mir alles.«
Gehorsam setzte sich Felise. Sie war heute in Dunkelgrün gekleidet, was ihr sehr gut stand. Mehr als je zuvor spürte Jack ihren Charme und ihre Schönheit. Sein Herz schlug schneller, als er sich neben sie setzte.
»Es ist so«, begann Felise. »Wir sind erst kurze Zeit hier. Aber seit unserem Einzug erzählt man uns, in unserem Haus – unserem süßen kleinen Haus – spuke es. Kein Dienstbote will bleiben. Das ist nicht so schlimm – ich kann die Hausarbeit selber machen und auch kochen.«
Engel! dachte der entflammte junge Mann. Sie ist wunderbar. Nach außen hin behielt er den Ausdruck sachlicher Aufmerksamkeit.
»Dieses Reden über Geister«, fuhr Felise fort. »Ich glaube, das ist alles Unsinn – das heißt, bis vor vier Tagen. Monsieur, seit vier Nächten habe ich den gleichen Traum. Eine Dame steht da, sie ist schön, groß und lieblich. In ihren Händen hält sie einen blauen chinesischen Krug. Sie wirkt gequält, sehr gequält, und immer wieder hält sie mir diesen Krug entgegen, als ob sie mich anflehe, irgend etwas damit zu tun. Aber sie kann nicht sprechen, und ich weiß nicht, was sie will. Diesen Traum hatte ich die ersten beiden Nächte. Aber vorletzte Nacht kam noch etwas dazu. Die Dame und der blaue Krug verschwanden, und plötzlich hörte ich ihre Stimme. Ich weiß, es war ihre Stimme, begreifen Sie, Monsieur? Sie rief: ›Mord! Hilfe! Mord!‹
Ich erwachte in Schweiß gebadet. Ich redete mir ein, es sei ein Alptraum und die Worte, die Sie auch hörten, seien ein Zufall. Aber vergangene Nacht kam der Traum wieder. Monsieur, was ist das? Sie haben es doch auch gehört. Was sollen wir tun?«
Felises Gesicht war verstört. Ihre schmalen Hände krampften sich

zusammen, und flehentlich blickte sie auf Jack. Er heuchelte eine Unbekümmertheit, die er durchaus nicht empfand.
»Sie müssen keine Angst haben, Mademoiselle Marchaud. Wenn es Ihnen nichts ausmacht, wiederholen Sie die ganze Geschichte vor Dr. Lavington, einem Freund von mir. Er wohnt auch hier.«
Felise erklärte sich einverstanden, und Jack ging, um Lavington zu suchen. Ein paar Minuten später kehrte er mit ihm zurück.
Lavington beobachtete das Mädchen genau, als Jack sie mit ihm bekannt machte. Mit ein paar tröstenden Worten gelang es ihm, sie zu beruhigen. Dann lauschte er gespannt ihrer Geschichte.
»Äußerst seltsam«, sagte er, als sie fertig war. »Haben Sie mit Ihrem Vater darüber gesprochen?«
Felise schüttelte den Kopf.
»Ich wollte ihn nicht beunruhigen. Er ist immer noch sehr krank.« Ihre Augen füllten sich mit Tränen. »Ich halte alles von ihm fern, was ihn aufregen könnte.«
»Ich verstehe«, sagte Lavington gütig. »Und ich bin froh, daß Sie zu uns gekommen sind, Mademoiselle Marchaud. Hartington hier, wie Sie wissen, hatte ein Erlebnis, das Ihrem sehr ähnlich ist. Ich glaube, daß wir dem Geheimnis nun auf der Spur sind. Fällt Ihnen noch etwas ein?«
Felise machte eine rasche Bewegung.
»Natürlich! Wie dumm von mir. Es ist das Wichtigste der ganzen Geschichte. Schauen Sie, Monsieur, was ich hinter dem Küchenschrank fand.«
Sie zeigte ihnen einen Bogen schmutzigen Zeichenpapiers, auf dem in Wasserfarben die Rohskizze einer Frau zu erkennen war.
Nur eine Kleckserei, aber die Ähnlichkeit war deutlich. Es zeigte eine große blonde Frau mit einem fremdländischen Gesicht. Sie stand an einem Tisch, auf dem ein blauer Porzellankrug stand.
»Ich habe es erst heute morgen gefunden«, erklärte Felise. »Monsieur, das ist das Gesicht der Frau aus meinem Traum. Und es ist der gleiche Krug.«
»Ungewöhnlich«, meinte Lavington. »Der Schlüssel zu diesem Geheimnis ist ganz offensichtlich der blaue Krug. Mir scheint, es ist ein chinesischer Krug, wahrscheinlich ein sehr alter. Er hat ein eigentümliches Muster.«
»Er ist chinesisch«, erklärte Jack. »Ich habe genau das gleiche Stück in der Sammlung meines Onkels gesehen. Er ist ein leidenschaftlicher Sammler chinesischen Porzellans. Ich erinnere

mich, einen solchen Krug vor nicht allzu langer Zeit gesehen zu haben.«

»Der chinesische Krug«, murmelte Lavington. Er versank ein paar Minuten in Gedanken, dann hob er plötzlich den Kopf, und ein seltsames Leuchten trat in seine Augen.

»Hartington, wie lange hat Ihr Onkel diesen Krug schon?«

»Wie lange? Das weiß ich wirklich nicht.«

»Denken Sie nach! Hat er ihn erst kürzlich gekauft?«

»Ich weiß es nicht. Ja ... ich glaube, ja. Jetzt erinnere ich mich. Ich selbst interessiere mich nicht sehr für Porzellan, aber mir ist so, als hätte er mir diesen Krug als neuesten Zugang seiner Sammlung gezeigt.«

»Ist das weniger als zwei Monate her? Die Turners haben das Heather-Landhaus vor ungefähr acht Wochen verlassen.«

»Ja, ich glaube, es war vor zwei Monaten.«

»Besucht Ihr Onkel manchmal Auktionen?«

»Er fährt von einer Auktion zur anderen.«

»Dann dürfen wir wohl mit Recht annehmen, daß er diesen Krug auf der Versteigerung der Turnerschen Sachen erstand. Ein seltsamer Zufall – oder vielleicht das, was ich das Suchen nach der blinden Gerechtigkeit nenne. Hartington, Sie müssen sofort feststellen, wo Ihr Onkel diesen Krug gekauft hat.«

Jacks Gesicht verzog sich.

»Ich fürchte, das wird nicht möglich sein. Onkel George ist nicht in England. Ich weiß nicht einmal, wohin ich ihm schreiben könnte.«

»Wie lange wird er fortbleiben?«

»Mindestens drei bis vier Wochen.«

Es entstand eine Pause. Felise blickte nervös von einem Mann zum andern.

»Gibt es denn nichts, was wir tun können?« fragte sie mutlos.

»Doch, es gibt etwas«, antwortete Lavington in einem Ton zurückhaltender Erregung. »Es ist vielleicht ungewöhnlich, aber ich glaube, er verspricht Erfolg. Hartington, Sie müssen diesen Krug herbeischaffen. Bringen Sie ihn hierher, und falls Mademoiselle erlaubt, werden wir einen Abend im Heather-Landhaus verbringen und den blauen Krug mitnehmen.«

Jack fühlte, wie er eine Gänsehaut bekam.

»Was glauben Sie, was passieren wird?« fragte er unruhig.

»Ich habe nicht die geringste Ahnung, aber ich glaube ehrlich daran, daß das Geheimnis gelüftet und der Geist vertrieben wird.

Höchstwahrscheinlich hat der Krug einen falschen Boden und irgend etwas ist innen versteckt. Wenn kein Phänomen erscheint, müssen wir eben unseren Scharfsinn gebrauchen.«
Felise klatschte in die Hände.
»Das ist eine wunderbare Idee!« rief sie aus.
Aus ihren Augen leuchtete Enthusiasmus. Jack war nicht annähernd so begeistert, im Gegenteil, innerlich war er sehr beunruhigt, aber nichts hätte ihn bewegen können, diese Tatsache vor Felise zuzugeben. Der Doktor tat so, als wäre sein Vorschlag die natürlichste Sache der Welt.
»Wann können Sie den Keug holen?« fragte Felise.
»Morgen«, antwortete er widerstrebend.
Es war ihm nicht angenehm, aber er mußte die Sache jetzt zu Ende bringen. Bis dahin nahm er sich vor, so wenig wie möglich an den wahnsinnigen Schrei zu denken.
Am folgenden Abend ging er in das Haus seines Onkels und nahm den betreffenden Krug mit. Als er ihn wiedersah, verstärkte sich seine Gewißheit, daß er mit dem auf dem Bild identisch war, Aber so sorgfältig er ihn auch untersuchte, er fand weder einen doppelten Boden noch sonst etwas Außergewöhnliches.
Es war elf Uhr, als er mit Lavington im Heather-Landhaus ankam. Felise hatte schon auf sie gewartet und öffnete leise die Tür, noch bevor sie anklopften.
»Kommen Sie herein«, flüsterte sie. »Mein Vater schläft oben. Wir dürfen ihn nicht aufwecken. Ich habe hier drinnen für Sie Kaffee vorbereitet.«
Sie führte die beiden in ein kleines, gemütlich eingerichtetes Wohnzimmer.
Als Jack den chinesischen Krug aus dem Papier wickelte, keuchte sie:
»Aber ja, das ist er! Ich würde ihn überall wiedererkennen!«
Inzwischen traf Lavington seine Vorbereitungen. Er entfernte alles von einem kleinen Tisch und stellte diesen in die Mitte des Zimmers. Rundherum verteilte er drei Stühle. Auf dem Tisch stand nur noch der blaue Krug.
»Jetzt«, sagte er, »sind wir fertig.«
Sie tranken noch ihren Kaffee, dann befahl der Arzt:
»Schalten Sie das Licht aus, und setzen Sie sich an den Tisch.«
Die anderen gehorchten. Wieder kam Lavingtons Stimme aus der Dunkelheit.
»Denken Sie an nichts – oder an alles. Zwingen Sie Ihre Gedanken

nicht. Es ist möglich, daß einer von uns mediale Kräfte besitzt. Wenn das so ist, wird er in Trance fallen. Denken Sie immer daran, es gibt nichts zu befürchten. Bannen Sie die Furcht aus Ihren Herzen, und lassen Sie sich treiben... treiben...«
Seine Stimme erstarb. Von einer Minute zur anderen schien die Stille unerträglich zu werden. Es war alles gut und schön, wenn Lavington sagte, sie sollten die Angst verscheuchen. Es war nicht Angst, was Jack fühlte – es war Panik. Und er war fest überzeugt, daß Felise genauso empfand. Plötzlich hörte er ihre Stimme, leise und entsetzt.
»Irgend etwas Schreckliches wird geschehen, ich fühle es.«
»Verscheuchen Sie die Angst«, sagte Lavington. »Wehren Sie sich nicht gegen die Kräfte, die auf Sie zukommen.«
Die Dunkelheit schien greifbar zu werden, und die Stille hatte etwas Beklemmendes. Näher und näher kam dieses undefinierbare Gefühl der Bedrohung. Jack fühlte, wie es ihm den Atem nahm, dieses unheilvolle Etwas war sehr nahe...
Dann war alles vorbei. Jack trieb einen Strom hinunter. Seine Lider schlossen sich, Friede... Dunkelheit. Als er langsam wieder zu sich kam, war sein Kopf schwer wie Blei. Wo war er?
Sonnenschein... Vogelgezwitscher. Er lag da und starrte in den Himmel.
Dann fiel ihm plötzlich alles wieder ein. Die Sitzung, das kleine Zimmer, Felise und der Doktor. Was war geschehen?
Er setzte sich auf und sah sich um. Er befand sich in einem kleinen Gehölz, nicht weit von dem Landhaus. Niemand war in der Nähe. Er zog seine Uhr. Zu seinem Erstaunen zeigte sie halb ein Uhr an. Er sprang auf und rannte zu dem Landhaus hinüber. Sie mußten Angst bekommen haben. Vielleicht war er aus der Trance nicht aufgewacht, und sie hatten ihn an die frische Luft gebracht?
Er klopfte laut an die Tür des kleinen Hauses. Aber niemand antwortete, alles blieb still.
Sie müssen weggegangen sein, um Hilfe zu holen, dachte er. Oder sonst? Jack fühlte, wie eine unergründliche Furcht sich seiner bemächtigte. Was war letzte Nacht geschehen?
So schnell wie möglich eilte er zum Hotel zurück. Er wollte gerade ins Büro, als er einen kolossalen Stoß in die Rippen bekam, der ihn fast zu Boden warf. Verärgert drehte er sich um und sah sich einem weißhaarigen älteren Herrn gegenüber, der ihn fröhlich anschnaubte:
»Hast mich nicht erwartet, mein Junge. Hast mich nicht erwartet,

was?«
»Aber Onkel George! Ich dachte du wärst meilenweit weg, irgendwo in Italien!«
»Nein, da war ich nicht. Landete gestern abend in Dover. Ich wollte mit dem Wagen in die Stadt, und auf dem Weg wollte ich dich besuchen. Und was muß ich finden? Die ganze Nacht ausgewesen, hm? Nette Sachen...«
»Onkel George«, sagte Jack, »ich muß dir die ungewöhnlichste Geschichte der Welt erzählen. Ich wage zu behaupten, daß du sie nicht glauben wirst.«
»Ich werde mich bemühen«, lachte der alte Herr. »Schieß los, mein Junge!«
»Aber ich muß etwas essen. Ich verhungere bereits.«
Zusammen gingen sie zum Speiseraum, und während einer appetitlichen Mahlzeit erzählte er die ganze Geschichte.
»Und Gott weiß, was aus ihnen geworden ist«, beendete er sie.
Sein Onkel schien am Rande eines Schlaganfalls zu sein.
»Der Krug!« brachte er schließlich hervor. »Der blaue Krug!« Er brüllte:
»Was ist aus dem Krug geworden?«
Jack starrte ihn entgeistert an. Während des Redestroms seines Onkels, der nun folgte, begann er zu begreifen.
»Schmelz, einzig – Edelstein meiner Sammlung – Wert mindestens zehntausend Pfund – Offerte von Hoggenheimer, dem amerikanischen Millionär – nur ein einziges Exemplar in der ganzen Welt – verdammt! Was hast du mit meinem blauen Krug gemacht?«
Jack stürzte aus dem Speisesaal. Er mußte Lavington finden. Die junge Dame im Büro blickte ihn kühl an.
»Dr. Lavington ist gestern nacht abgereist. Er hat eine Nachricht für Sie hinterlassen.« Jack riß das Kuvert auf.

»Mein lieber junger Freund! Ist der Tag des Übernatürlichen vorbei? Nicht ganz, aber Sie sind auch in einer neuen wissenschaftlichen Sprache verkohlt worden. Die besten Grüße von Felise, dem kranken Vater und mir. Wir haben zwölf Stunden Vorsprung. Das sollte ausreichen.
Immer Ihr Ambrose Lavington, Doktor der Seele.«

Das Wespennest

John Harrison kam aus dem Haus, blieb einen Augenblick auf der Terrasse stehen und blickte hinaus auf den Garten. Er war ein großer Mann mit einem hageren leichenblassen Gesicht. Es wirkte gewöhnlich irgendwie grimmig. Wenn aber, wie jetzt, ein Lächeln seinen mürrischen Ausdruck milderte, hatte er etwas sehr Attraktives an sich.

John Harrison liebte seinen Garten, und der hatte nie schöner ausgesehen als an diesem Augustabend; sommerlich, wenngleich auch schon an den Herbst mahnend. Die Kletterrosen waren noch immer schön, und der süße Duft der Wicken würzte die Luft.

Ein wohlbekannter quietschender Ton veranlaßte Harrison, seinen Kopf abrupt zu wenden. Wer kam denn da durch das Gartentor? Im nächsten Augenblick huschte ein Ausdruck höchsten Erstaunens über sein Gesicht. Diese auffällige Gestalt, die den Weg heraufkam, hätte er in diesem Teil der Welt niemals erwartet.

»Das ist ja wundervoll!« rief Harrison. »Monsieur Poirot!«

Es war tatsächlich der berühmte Hercule Poirot, dessen Ruf als Detektiv schon weltweit verbreitet war.

»Ja«, sagte er, »ich bin's. Sie sagten einmal zu mir: ›Wenn Sie je in diese Gegend kommen, besuchen Sie mich.‹ Ich habe Sie beim Wort genommen, und hier bin ich.«

»Und ich bin hocherfreut«, entgegnete Harrison herzlich. »Kommen Sie herein und setzen Sie sich. Darf ich Ihnen etwas zu trinken anbieten?«

Mit einer einladenden Geste deutete er auf einen Tisch auf der Veranda, auf dem eine Anzahl Flaschen standen.

»Ich danke Ihnen«, sagte Poirot und sank in einen Korbstuhl. »Sie haben wohl keinen Fruchtsaft? Nein, nein, ich dachte es mir schon. Ein wenig klares Sodawasser dann – keinen Whisky.«

Als Harrison das Glas vor ihn hinstellte, fügte er mit gefühlvoller Stimme hinzu: »Mein Gott, ist das eine Hitze!«

»Was führt Sie in diesen stillen Ort?« fragte Harrison, als er sich

ebenfalls niedersetzte. »Vergnügen?«
»Nein, *mon ami*, Geschäfte.«
»Geschäfte? In diesem abgelegenen Flecken?«
Poirot nickte feierlich.
»Aber ja, mein Freund. Verbrechen werden überall verübt, nicht wahr?«
Harrison lachte und meinte:
»Ich glaube, das war eine ziemlich dumme Bemerkung von mir. Aber was für ein Verbrechen untersuchen Sie hier? Oder sollte ich danach lieber nicht fragen?«
»Sie dürfen fragen«, erwiderte Poirot. »Ich freue mich sogar, daß Sie sich dafür interessieren.«
Harrison betrachtete ihn neugierig. Er bemerkte etwas Ungewöhnliches im Verhalten des anderen.
»Sie untersuchen also ein Verbrechen, sagen Sie. Einen ernsten Fall?« fügte er zögernd hinzu.
»So ernst, wie es ihn nur gibt.«
»Sie meinen...«
»Mord.«
Hercule Poirot sprach dieses Wort so ernsthaft aus, daß Harrison zurückfuhr. Der Detektiv blickte ihn an, und wieder lag ein sonderbarer Ausdruck in seinem Gesicht, so daß Harrison kaum wußte, wie er weiterreden sollte. Schließlich meinte er:
»Aber ich habe von keinem Mord gehört.«
»Nein«, antwortete Poirot. »Sie werden nichts davon gehört haben.«
»Wer ist ermordet worden?«
»Bisher«, sagte Poirot bedeutungsvoll, »noch niemand.«
»Wie bitte?«
»Deshalb können Sie noch nichts davon gehört haben. Ich untersuche ein Verbrechen, das noch nicht verübt wurde.«
»Aber ich bitte Sie, das ist doch Unsinn.«
»Keinesfalls. Wenn jemand einen Mord untersuchen kann, bevor er verübt wurde, ist das gewiß viel zweckmäßiger als hinterher. Man könnte ihn sogar – das ist eine Idee von mir – verhindern.«
Harrison starrte ihn an.
»Sie scherzen, Monsieur Poirot.«
»Aber nein, ich meine es ernst.«
»Sie glauben tatsächlich, daß ein Mord verübt werden wird? Aber das ist ja absurd!«
Hercule Poirot beendete den ersten Teil des Satzes, ohne von dem

Ausruf Notiz zu nehmen. »Es sei denn, wir können ihn verhindern. Ja, *mon ami*.«
»Wir?«
»Ich sagte wir, denn ich werde Ihre Unterstützung brauchen.«
»Und deshalb sind Sie hierhergekommen?«
Wieder blickte Poirot ihn an, und erneut machte dieses undefinierbare Etwas Harrison unsicher.
»Ich bin hergekommen, Monsieur Harrison, weil ich – nun, weil ich Sie mag.« Und mit völlig veränderter Stimme fügte er hinzu: »Ich sehe, Sie haben dort an dem Baumstumpf ein Wespennest. Das sollten Sie vernichten, Monsieur Harrison.«
Erstaunt über diesen plötzlichen Wechsel des Gesprächsthemas, zog Harrison die Stirn in Falten. Er folgte Poirots Blick und meinte etwas verwirrt:
»Tatsächlich, das habe ich auch vor, oder vielmehr, der junge Langton wird es für mich tun. Erinnern Sie sich an Claude Langton? Er war bei der gleichen Abendgesellschaft, bei der wir beide, Sie und ich, uns kennengelernt haben. Er kommt heute abend herüber, um das Nest auszuheben. Diese Arbeit macht ihm Spaß.«
»Aha«, meinte Poirot. »Und wie wird er es machen?«
»Mit Petroleum und der Gartenspritze. Er bringt seine eigene mit, sie ist größer als meine.«
»Es gibt noch eine andere Möglichkeit, nicht wahr«, fragte Poirot, »mit Zyankali?«
Harrison sah ihn überrascht an.
»Ja, aber das ist ein ziemlich gefährliches Zeug, immer ein bißchen riskant, es im Hause zu haben.«
»Ja. Es ist ein tödliches Gift.« Poirot wartete einen Augenblick, dann wiederholte er feierlich: »Tödlich.«
»Nützlich, wenn man seine Schwiegermutter beseitigen will, was?« sagte Harrison und lachte.
Aber Hercule Poirot blieb ernst.
»Und Sie sind ganz sicher, daß es Petroleum ist, mit dem Monsieur Langton Ihr Wespennest vernichten will?«
»Ganz sicher. Warum?«
»Ich habe mich im stillen gewundert. Heute nachmittag war ich in der Apotheke in Barchester. Für eines der Mittel, die ich zu besorgen hatte, mußte ich im Giftbuch unterschreiben. Dabei sah ich die letzte Eintragung. Sie betraf einen Posten Zyankali, und sie war von Claude Langton unterzeichnet.«

»Das ist komisch«, sagte Harrison langsam. »Langton erzählte mir neulich, daß er nicht im Traum daran denke, dieses Zeug zu benutzen. Im Gegenteil, er sagte sogar, es dürfte für diesen Zweck überhaupt nicht verkauft werden.«

Poirot schaute zu den Rosen hinüber. Seine Stimme klang sehr leise, als er fragte:

»Mögen Sie Langton?«

Harrison stutzte. Auf diese Frage war er offensichtlich nicht vorbereitet.

»Ich – ich, nun, ich meine, natürlich mag ich ihn. Weshalb sollte ich ihn nicht mögen?«

»Ich habe es mir nur so überlegt«, bemerkte Poirot gelassen, »ob Sie ihn wohl sympathisch finden.« Und als der andere nicht antwortete, fuhr er fort: »Ich frage mich auch, ob er Sie leiden kann.«

»Worauf wollen Sie hinaus, Monsieur Poirot?«

»Ich werde ganz offen sein. Sie sind verlobt und wollen heiraten, Monsieur Harrison. Ich kenne Miss Molly Deane. Sie ist ein sehr charmantes und schönes Mädchen. Bevor sie mit Ihnen verlobt war, war sie Claude Langtons Braut. Aber sie entschied sich für Sie.«

Harrison nickte.

»Es ist müßig zu fragen, welche Gründe sie dafür gehabt hat. Sie mögen gerechtfertigt sein. Aber ich sage Ihnen eines: Langton hat es nicht vergessen oder vergeben.«

»Sie irren sich, Monsieur Poirot. Er hat die Dinge wie ein Mann aufgenommen. Er war mir gegenüber erstaunlich anständig und hat sich besonders bemüht, freundlich zu mir zu sein.«

»Und das finden Sie nicht ungewöhnlich? Sie benutzen das Wort erstaunlich, aber Sie scheinen nicht erstaunt zu sein.«

»Was meinen Sie, Monsieur Poirot?«

»Ich meine«, entgegnete Poirot, »daß ein Mann seinen Haß verbergen kann, bis die richtige Zeit gekommen ist.«

»Haß?« Harrison schüttelte den Kopf und lachte.

»Die Engländer sind sehr einfältig«, schimpfte Poirot. »Sie glauben, sie könnten jedermann hintergehen, aber niemand könne sich dafür revanchieren wollen.« Und bedeutungsvoll setzte er hinzu: »Und weil sie mutig, aber dumm sind, müssen sie manchmal sterben, obwohl kein Grund dazu verhanden ist.«

»Sie warnen mich«, sagte Harrison mit leiser Stimme. »Ich

verstehe jetzt, was mir die ganze Zeit unklar war. Sie wollen mich vor Claude Langton warnen. Und zu diesem Zweck sind Sie hergekommen?«
Poirot nickte.
Plötzlich sprang Harrison auf.
»Aber Sie sind ja verrückt! Wir leben in England. Solche Sachen passieren hier nicht. Hier laufen die enttäuschten Liebhaber nicht herum und rennen Leuten ein Messer in den Rücken oder vergiften sie. Sie irren sich bei Langton. Dieser Junge würde keiner Fliege etwas zu leide tun.«
»Das Leben der Fliegen ist nicht meine Sorge«, meinte Poirot gelassen. »Und obgleich Sie behaupten, Monsieur Langton würde keiner einzigen das Leben nehmen, vergessen Sie anscheinend doch, daß er sich gerade darauf vorbereitet, das Leben von einigen hundert Wespen zu zerstören.«
Harrison antwortete nicht sofort. Der kleine Detektiv sprang nun auch auf. Er trat zu seinem Freund hin und legte ihm die Hand auf die Schulter. So beunruhigt schien er zu sein, daß er den großen Mann fast schüttelte. Dabei redete er eindringlich auf ihn ein.
»Wachen Sie auf, mein Freund! Wachen Sie auf. Und sehen Sie, sehen Sie dahin, wo ich hindeute. Dort auf die Bank, dicht bei dem Baumstumpf. Die Wespen kommen nach Hause. Ermüdet, am Ende des Tages. In einer Stunde werden sie sterben. Und sie wissen es noch nicht. Niemand kann es ihnen sagen. Sie scheinen keinen Hercule Poirot zu haben. Ich sage Ihnen, Monsieur Harrison, ich kam geschäftlich her. Mord ist mein Geschäft. Und es ist mein Geschäft, bevor es passiert ist genauso gut wie hinterher. Um welche Zeit kommt Langton, um das Wespennest auszuheben?«
»Um neun Uhr. Aber ich sage Ihnen, Sie irren sich gewaltig. Langton würde nie –«
»Ihr Engländer!« rief Poirot leidenschaftlich. Er nahm seinen Hut und Stock und ging den Weg hinunter. Einen Augenblick blieb er stehen und sagte über seine Schulter hinweg: »Ich bleibe nicht, um mit Ihnen zu streiten. Ich würde mich nur aufregen. Aber Sie werden verstehen – ich komme um neun Uhr zurück.«
Harrison öffnete den Mund, um zu sprechen, aber Poirot ließ ihm keine Gelegenheit dazu.
»Ich weiß, was Sie sagen wollen. Langton würde nie und so weiter. Trotz allem werde ich um neun Uhr wiederkommen. Nehmen Sie an, es würde mich amüsieren, beim Ausheben des

Nestes dabeizusein. Auch so eine von euren Sportarten!«
Er wartete keine Antwort ab, sondern schritt eilig den Weg hinunter und schlug die quietschende Tür hinter sich zu. Draußen auf der Straße verlangsamte er seine Schritte. Mit seinem betont munteren Wesen war es mit einem Schlag vorbei. Sein Gesicht wurde ernst und besorgt. Er nahm seine Uhr aus der Tasche und sah nach, wie spät es war. Die Zeiger deuteten auf zehn Minuten nach acht.
»Mehr als eine dreiviertel Stunde«, murmelte er, »ich weiß nicht, ob ich nicht doch hätte warten sollen!«
Seine Schritte wurden noch langsamer. Um ein Haar wäre er wieder umgekehrt. Eine vage Vorahnung hatte ihn überfallen. Resolut schob er sie beiseite und setzte seinen Weg ins Dorf fort.

Es war ein paar Minuten vor neun, als er sich dem Gartentor wieder näherte. Der Abend war still und klar, und kein Lüftchen bewegte die Blätter. Etwas Unheilvolles lag in dieser Stille. Wie die Ruhe vor dem Sturm.
Poirot beschleunigte seine Schritte. Er war plötzlich von einer Nervosität gepackt, die er nicht zu deuten vermochte.
In diesem Augenblick öffnete sich die Gartentür, und Claude Langton trat mit raschem Schritt auf die Straße. Als er Poirot sah, blieb er stehen.
»Oh – äh – guten Abend!«
»Guten Abend, Monsieur Langton. Sie sind aber zeitig hier!«
Langton starrte ihn an.
»Ich weiß nicht, was Sie meinen.«
»Haben Sie das Wespennest ausgehoben?«
»Nein.«
»So«, meinte Poirot sanft, »Sie haben das Wespennest nicht vernichtet. Was haben Sie dann gemacht?«
»Ach, nur so gesessen und mit dem guten Harrison ein bißchen geplaudert. Ich muß mich jetzt wirklich beeilen, Monsieur Poirot. Ich hatte keine Ahnung, daß Sie so lange hierbleiben würden.«
»Ich bin beruflich hier, wissen Sie.«
»Aha. Also, Sie werden Harrison auf der Terrasse vorfinden. Es tut mir leid, daß ich nicht bleiben kann.«
Er eilte fort. Poirot blickte ihm nach. Ein nervöser junger Mann. Gutaussehend, aber ein bißchen verweichlicht.
»Also ich werde Harrison auf der Terrasse finden«, murmelte Poirot. »Ich bin gespannt.«

Er ging durch die Gartentür und marschierte den Weg hinauf. Harrison saß bewegungslos am Tisch und wandte nicht einmal den Kopf, als Poirot auf ihn zukam.

»Hallo, *mon ami*«, rief Poirot. »Geht es Ihnen gut, ja?«

Es entstand eine lange Pause, dann sagte Harrison mit belegter Stimme:

»Was sagten Sie?«

»Ich fragte, ob es Ihnen gutgeht.«

»Gut, ja. Es geht mir gut. Warum denn nicht?«

»Sie fühlen sich also nicht krank. Das ist schön.«

»Krank? Warum?«

»Vom Waschpulver.«

Harrison stand auf. »Waschpulver? Wovon reden Sie?«

Poirot machte eine entschuldigende Geste und sagte:

»Ich bedaure die Notwendigkeit unendlich, aber ich schüttete etwas in Ihre Tasche.«

»Sie schütteten Waschpulver in meine Tasche? Wozu, um Himmels willen?« Harrison starrte ihn verständnislos an.

Poirot sprach leise und unpersönlich wie ein Märchenerzähler, der sich dem Niveau eines kleinen Kindes anpaßt.

»Sehen Sie, einer der Vor- oder Nachteile, ein Detektiv zu sein, ist, daß man mit kriminellen Elementen in Kontakt kommt. Sie können uns eine Reihe ziemlich interessanter und eigenartiger Dinge lehren. Da war einmal ein Taschendieb. Ich war an ihm interessiert, weil man ihm etwas vorwarf, das er nicht getan hatte. Ich erreichte, daß man ihn freiließ. Und weil er dankbar war, belohnte er mich auf seine Art. Er zeigte mir ein paar Tricks seines Gewerbes. Und so kommt es, daß ich jemandem in die Tasche greifen kann, ohne daß derjenige auch nur den kleinsten Verdacht schöpft. Ich lege eine Hand auf seine Schulter und lenke ihn ab. So gelingt es mir, das, was in seiner Tasche ist, in meine zu transferieren.

Sehen Sie«, fuhr Poirot träumerisch fort, »wenn ein Mann rasch an das Gift heran will, um es in ein Glas zu schütten, ohne beobachtet zu werden, muß er es unbedingt in seiner rechten Rocktasche haben. Es gibt keinen anderen Platz. Ich wußte, es würde dort sein.«

Er schob seine Hand in die Tasche und brachte ein paar weiße Kristalle hervor. »Außerordentlich gefährlich«, murmelte er, »es so herumzutragen wie ich.«

Langsam und behutsam zog er aus der anderen Tasche eine kleine

Flasche mit weiter Öffnung. Er öffnete sie, warf die Kristalle hinein, ging zum Tisch und füllte sie mit einfachem Wasser. Nachdem er sie sorgfältig verkorkt hatte, schüttelte er sie, bis sich alle Kristalle aufgelöst hatten.
Harrison beobachtete ihn fasziniert.
Mit seiner Arbeit zufrieden, ging Poirot auf das Wespennest zu. Er entkorkte die Flasche, wandte den Kopf ab und goß die Lösung mitten hinein. Dann trat er ein paar Schritte zurück.
Einige Wespen, die von ihrem Flug zurückkamen und sich gerade niederließen, zitterten ein wenig, dann lagen sie still. Andere krochen aus dem Nest heraus – nur um zu sterben. Poirot beobachtete das eine kurze Zeit, nickte mit dem Kopf und ging wieder zur Veranda zurück.
»Ein schneller Tod«, sagte er, »ein sehr schneller Tod.«
Harrison fand seine Sprache wieder. »Wieviel wissen Sie?« fragte er.
Poirot sah ihn nicht an.
»Wie ich Ihnen schon erzählte, sah ich Claude Langtons Namen in dem Giftbuch. Was ich Ihnen nicht sagte, war, daß ich ihn fast sofort danach zufällig traf. Er erzählte mir, daß er in Ihrem Auftrag Zyankali gekauft habe, um das Wespennest auszuheben. Das kam mir etwas seltsam vor, mein Freund, denn ich erinnerte mich, daß Sie bei diesem Abendessen, von dem Sie sprachen, den außerordentlichen Vorteil von Petroleum hervorhoben und die Beschaffung von Zyankali als gefährlich und überflüssig bezeichneten.«
»Fahren Sie fort.«
»Ich wußte noch etwas. Ich sah Claude Langton mit Molly Deane zusammen, als sie sich unbeobachtet glaubten. Ich weiß nicht, was die beiden damals auseinandergebracht hat und Molly in Ihre Arme trieb, aber ich erkannte, daß die Mißverständnisse vorbei waren und daß Miss Deane zu ihrer alten Liebe zurückgefunden hatte.«
»Weiter!«
»Noch etwas wußte ich, *mon ami*. Ich war neulich in der Harley Street und sah Sie aus dem Hause eines ganz bestimmten Arztes kommen. Ich kenne ihn und weiß, wegen welcher Leiden man ihn konsultiert. Und ich sah den Ausdruck in Ihrem Gesicht. Ich habe ihn nur ein- oder zweimal in meinem Leben gesehen. Er ist unschwer zu deuten. Es war das Gesicht eines zum Tode verurteilten Mannes. Habe ich recht?«

»Sehr recht. Er gab mir noch zwei Monate.«
»Sie bemerkten mich nicht, mein Freund, denn Sie hatten anderes im Kopf. Ich konnte noch etwas erkennen, etwas, das Männer zu verbergen suchen, wie ich Ihnen heute nachmittag schon erklärte. Ich sah Haß in Ihren Augen, mein Freund. Sie machten sich nicht die Mühe, ihn zu verbergen, denn Sie fühlten sich unbeobachtet.«
»Und«, fragte Harrison, »was sonst noch?«
»Es gibt nicht mehr viel zu erklären. Ich kam hierher, sah Langtons Namen zufällig im Giftbuch, wie ich Ihnen sagte, traf ihn und kam dann zu Ihnen. Ich stellte Ihnen Fallen, Sie bestritten, Langton beauftragt zu haben, Zyankali zu besorgen, oder besser gesagt, Sie spielten den Überraschten. Sie waren im Zweifel, als Sie mich sahen. Aber dann erkannten Sie, wie gut alles zusammenpassen würde, und Sie unterstützten meinen Verdacht noch. Ich erfuhr von Langton selbst, daß er um halb neun kommen wollte. Sie sagten, neun Uhr, und dachten, bis ich käme, würde alles bereits vorbei sein. Und da war für mich alles klar.«
»Weshalb kamen Sie?« stöhnte Harrison. »Wenn Sie nur nicht gekommen wären!«
Poirot stand auf.
»Wie ich schon andeutete«, sagte er, »Mord ist mein Geschäft.«
»Mord? Sie meinen Selbstmord.«
»Nein.« Poirots Stimme klang scharf und klar. »Ich meine Mord. Ihr Tod sollte schnell und leicht sein, aber der Tod, den Sie für Langton geplant hatten, war der schlimmste Tod, den ein Mann sterben kann. Er kauft das Gift, er kommt zu Ihnen, und er ist allein mit Ihnen. Sie sterben ganz plötzlich, und das Zyankali wird in Ihrem Glas gefunden. Claude Langton hätte dafür hängen müssen.«
Wieder stöhnte Harrison.
»Weshalb sind Sie gekommen? Wenn Sie nur nicht gekommen wären.«
»Das habe ich Ihnen schon gesagt. Aber ich kam noch aus einem anderen Grund. Ich schätze Sie. Hören Sie, *mon ami*. Sie sind ein todkranker Mann. Sie haben das Mädchen, das Sie lieben, verloren. Aber das *eine* sind Sie nicht: Sie sind kein Mörder. Sagen Sie mir nun: Sind Sie froh oder unglücklich darüber, daß ich kam?«
Es entstand eine Pause. Dann erhob sich Harrison. Er trug den

würdevollen Ausdruck eines Mannes, der sein eigenes Ich besiegt hatte. Er streckte Poirot die Hand entgegen und rief: »Dem Himmel sei Dank, daß Sie kamen! O Gott, ja, ich bin froh.«

Greenshaws Monstrum

Die beiden Männer bogen um eine Gruppe dichter Büsche
»So, da wären wir«, erklärte Raymond West. »Hier ist es.«
Horace Bindler holte tief Atem und rief voller Anerkennung:
»Aber, mein lieber Junge, wie wundervoll!«
Seine Stimme endete in einem hellen Schrei ästhetischer Verzükkung und sank dann wieder zu einem Ton tiefer Ehrerbietung herab.
»Es ist ja unglaublich! Geradezu unwahrscheinlich! Ein antikes Stück erster Güte.«
»Ich habe mir gleich gedacht, daß es dir gefallen würde«, sagte Raymond West voller Selbstzufriedenheit.
»Gefallen? Du meine Güte!« Horace fand keine Worte mehr. Er schnallte seine Kamera ab und machte sich ans Werk.
»Dies wird zu den Juwelen meiner Sammlung gehören«, erklärte er selig. »Ich finde es wirklich ganz amüsant, eine Sammlung von Monstrositäten zu besitzen. Auf diese Idee bin ich vor sieben Jahren verfallen, als ich eines Abends in der Badewanne saß. Das letzte richtige Juwel ergatterte ich auf dem Campo Santo in Genua. Aber ich glaube, es kann an dieses nicht heranreichen. Wie heißt es eigentlich?«
»Ich habe keine Ahnung«, erwiderte Raymond.
»Wahrscheinlich hat es doch einen Namen.«
»Das nehme ich stark an. Aber hier in der Gegend spricht man nur von Greenshaws Monstrum.«
»Ist Greenshaw der Erbauer des Hauses?«
»Ja. Er hat es um achtzehnhundertsechzig herum gebaut – als Krönung einer lokalen Karriere jener Zeit: barfüßiger Junge, der zu ungeheurem Wohlstand gelangt war. Warum er es errichtet hat, darüber gehen die Meinungen der Einheimischen auseinander. Manche behaupten, aus schierem Überfluß, andere dagegen, um seine Gläubiger zu beeindrucken. Wenn das letztere zutrifft, so haben sie sich nicht davon blenden lassen; denn er machte praktisch Bankrott.«
Horaces Kamera klickte.

»Fertig«, sagte er mit großer Befriedigung. »Erinnere mich daran, daß ich dir Nr. 310 in meiner Sammlung zeige. Ein wirklich unglaublicher marmorner Kaminsims im italienischen Stil.«
Mit einem Blick auf das Haus fügte er hinzu: »Ich kann mir nicht vorstellen, wie Mr. Greenshaw sich das alles selbst ausgeknobelt hat.«
»Es springt eigentlich in die Augen«, meinte Raymond. »Er hatte wohl die Schlösser der Loire besucht. Meinst du nicht auch? Die Türmchen sprechen dafür. Dann scheint er unglücklicherweise im Orient herumgereist zu sein. Der Einfluß des Tadsch Mahal ist unverkennbar. Der maurische Flügel gefällt mir eigentlich. Ebenso die Spuren eines venezianischen Palastes.«
»Man wunderte sich im stillen, daß er jemals einen Architekten dazu bewegen konnte, diese Pläne zu realisieren.«
Raimond zuckte die Achseln.
»Da ist er wohl nicht auf Schwierigkeiten gestoßen«, meinte er. »Der Architekt hat sich wahrscheinlich mit einem guten finanziellen Polster zur Ruhe gesetzt, während der arme alte Greenshaw bankrott ging.«
»Könnten wir es uns wohl von der anderen Seite ansehen?« fragte Horace. »Oder wandeln wir hier auf verbotenen Pfaden?«
»Gewiß wandeln wir hier auf verbotenen Pfaden«, bestätigte Raymond. »Aber es wird wohl nicht so schlimm sein.«
Er ging auf die Ecke des Hauses zu, und Horace hüpfte hinter ihm her.
»Wer wohnt hier eigentlich, sag mal? Waisenkinder oder Feriengäste? Eine Schule kann es doch nicht sein. Man sieht keine Spielplätze und spürt nichts von munterem Treiben.«
»Oh, eine Greenshaw lebt hier noch«, erwiderte Raymond. »Das Haus selbst blieb bei der Pleite verschont. Der Sohn des alten Greenshaw erbte es. Er war ein ziemlicher Geizhals und hauste in einem Winkel des Hauses. Gab nie einen roten Heller aus. Hatte auch wohl keinen roten Heller zum Ausgeben. Jetzt wohnt seine Tochter hier. Eine alte Dame – sehr exzentrisch.«
Während er dies alles erzählte, gratulierte Raymond sich, daß er zwecks Unterhaltung seines Gastes an Greenshaws Monstrum gedacht hatte. Diese Literaturkritiker beteuerten immer ihre Sehnsucht nach einem Wochenende auf dem Lande, und wenn sie ihr Ziel erreicht hatten, fanden sie es gewöhnlich äußerst langweilig. Morgen würden ja die sensationellen Sonntagszeitungen für Abwechslung sorgen, aber heute war es eben eine

glückliche Idee gewesen, diesen Besuch von Greenhaws Monstrum vorzuschlagen, um Horace Bindlers wohlbekannte Sammlung von Monstrositäten zu bereichern.
Sie bogen um die Ecke des Hauses und kamen zu einem vernachlässigten Rasen. In einer Ecke befand sich ein großer Steingarten, und darin stand eine gebeugte Gestalt, bei deren Anblick Horace begeistert Raymonds Arm umklammerte.
»Mein lieber Junge«, rief er aus, »siehst du, was sie anhat? Ein geblümtes Kattunkleid. Wie ein Hausmädchen – als es noch Hausmädchen gab. Zu meinen kostbarsten Kindheitserinnerungen zählt der Aufenthalt in einem Landhaus, wo man des Morgens von einem richtigen Hausmädchen mit Häubchen und gestärktem Kattunkleid geweckt wurde. Ja, mein Lieber, ein regelrechtes Häubchen. Aus Musselin mit flatternden Bändern. Nein, vielleicht war es auch das Zimmermädchen, das die flatternden Bänder hatte. Jedenfalls war es aber ein richtiges Hausmädchen, und es brachte eine riesige Messingkanne mit heißem Wasser. Was für einen interessanten Tag erleben wir doch heute!«
Die Gestalt im Kattunkleid hatte sich inzwischen aufgerichtet und wandte sich mit einem Pflanzenheber in der Hand ihnen zu. Sie war eine ziemlich auffallende Person. Wirre graue Locken fielen ihr in dünnen Strähnen auf die Schultern, und auf ihren Kopf war ein Strohhut gestülpt, wie ihn die Pferde in Italien tragen. Das bunte Kattunkleid reichte ihr fast bis zu den Knöcheln. Aus einem wettergebräunten, nicht allzu sauberen Gesicht blickten scharfe Augen sie prüfend an.
»Ich muß Sie vielmals um Entschuldigung bitten, Miss Greenshaw«, sagte Raymond West, als er auf sie zuging, »weil wir so ohne weiteres hier eingedrungen sind. Aber Mr. Horace Bindler, der bei mir zu Gast ist...«
Horace verbeugte sich und nahm seinen Hut ab.
»... interessiert sich mächtig für – hm – alte Geschichte und – hm – schöne Bauten.«
Raymond West sprach mit der Ungezwungenheit eines bekannten Schriftstellers, der weiß, daß er eine Berühmtheit ist und sich manches herausnehmen kann, was anderen Leuten nicht gestattet ist.
Miss Greenshaw blickte zu dem steinernen Ungetüm empor, das sich hinter ihr in seiner ganzen Überschwenglichkeit ausdehnte.

»Es ist auch ein schönes Haus«, sagte sie. »Mein Großvater hat es gebaut – natürlich vor meiner Zeit. Er soll gesagt haben, daß er die Einheimischen in Erstaunen setzen wolle.«
»Und das ist ihm bestimmt gelungen, Madam«, versicherte ihr Horace Bindler.
»Mr. Bindler ist der bekannte Literaturkritiker«, warf Raymond West ein.
Miss Greenshaw hegte offensichtlich keine besondere Ehrfurcht vor Literaturkritikern. Sie blieb unbeeindruckt.
»Ich betrachte das Haus«, fuhr sie fort, »als ein Denkmal für das Genie meines Großvaters. Törichte Menschen kommen hierher und fragen mich, warum ich es nicht verkaufe und in einer Etagenwohnung lebe. Was sollte ich da wohl anfangen? Dies ist mein Heim, und darin wohne ich. Habe immer hier gewohnt.«
Sie schien über die Vergangenheit nachzugrübeln.
»Wir waren zu dritt. Laura heiratete den Pfarrer, und Papa wollte ihr kein Geld geben mit der Begründung, daß Geistliche nicht an irdischen Gütern hängen sollten. Sie starb bei der Geburt eines Kindes, und das Kind starb auch. Nettie ist mit dem Reitlehrer davongelaufen, und Papa hat sie natürlich enterbt. Hübscher Bursche, dieser Harry Fletcher, aber ein Taugenichts. Glaube nicht, daß Nettie mit ihm glücklich war. Jedenfalls hat sie nicht lange gelebt. Sie hatten einen Sohn. Er schreibt mir manchmal, ist aber natürlich kein Greenshaw. Ich bin die letzte der Greenshaws.«
Sie richtete die gebeugten Schultern mit einem gewissen Stolz auf und schob den verwegen auf ihrem Kopf thronenden Strohhut zurecht. Dann drehte sie sich um und sagte in scharfem Ton: »Ja, Mrs. Cresswell, was gibt's denn?«
Vom Hause her näherte sich eine Gestalt, die einen geradezu lächerlichen Gegensatz zu Miss Greenshaw darstellte. Mrs. Cresswell hatte ein wunderbar frisiertes Haupt. Ihr blaugetöntes Haar türmte sich in sorgfältig arrangierten Locken und Rollen zu einer beträchtlichen Höhe. Man hatte den Eindruck, als wolle sie als französische Marquise auf einen Maskenball gehen. Im übrigen war ihre ältliche Gestalt nicht, wie man hätte erwarten sollen, in rauschende schwarze Seide, sondern in eine der glänzenderen Abarten schwarzer Kunstseide gehüllt. Obwohl sie nicht gerade schlank war, hatte sie einen gutentwickelten, üppigen Busen. Ihre Stimme war wider Erwarten tief, und sie sprach mit ausgezeichneter Diktion. Nur ein leichtes Zögern bei Wörtern, die mit einem

H begannen, und die schließlich übertriebene Aussprache der Aspiraten erweckten den Verdacht, daß sie in ferner Jugendzeit vielleicht die Gewohnheit hatte, selbige unter den Tisch fallenzulassen.
»Der Fisch, Madam«, sagte Mrs. Cresswell. »Das Kabeljaufilet ist nicht geschickt worden. Ich habe Alfred gebeten, es zu holen. Aber er weigert sich.«
Miss Greenshaw brach in unerwartetes Gelächter aus.
»Weigert sich, ja?«
»Alfred ist höchst ungefällig gewesen, Madam.«
Miss Greenshaw hob zwei erdbeschmutzte Finger an die Lippen, stieß einen ohrenzerreißenden Pfiff aus und rief:
»Alfred! Alfred, komm mal her!«
Auf diese Aufforderung hin erschien an der Ecke des Hauses ein junger Mann mit einem Spaten in der Hand. Er hatte ein verwegenes, hübsches Gesicht, und als er näher kam, warf er Mrs. Cresswell einen unverkennbar bösen Blick zu.
»Sie haben mich gerufen, Miss?«
»Ja, Alfred. Ich höre, du hast dich geweigert, den Fisch zu holen. Wie steht es damit?«
Alfred antwortete in mürrischem Ton.
»Wenn *Sie* es wünschen, Miss, will ich ihn holen. Sie brauchen es nur zu sagen.«
»Ich wünsche es. Ich möchte den Fisch für mein Abendessen haben.«
»In Ordnung, Miss. Ich gehe sofort.«
Er warf Mrs. Cresswell einen vielsagenden Blick zu. Sie murmelte vor sich hin:
»Unerhört! Es ist unerträglich.«
»Da fällt mir gerade ein«, sagte Miss Greenshaw, »daß wir ein paar Besucher eigentlich sehr gut gebrauchen können, nicht wahr, Mrs. Cresswell?«
Mrs. Cresswell blickte verdutzt.
»Ich verstehe nicht, Madam.«
»Sie wissen doch, wofür«, sagte Miss Greenshaw, heftig mit dem Kopf nickend. »Der Erbe darf das Testament nicht als Zeuge unterschreiben. Das stimmt doch, nicht wahr?«
Sie wandte sich an Raymond West.
»Ganz richtig«, bestätigte Raymond.
»So viel weiß ich nämlich auch von der Rechtswissenschaft«, erklärte Miss Greenshaw. »Und Sie sind beide Männer von

Rang.« Sie warf ihren Pflanzenheber in den Unkrautkorb.
»Würden Sie vielleicht so gut sein und mit in die Bibliothek kommen?«
»Mit Vergnügen«, erklärte Horace eifrig.
Miss Greenshaw führte sie durch eine Glastür in einen riesigen in Gelb und Gold gehaltenen Salon mit verschossenem Brokat an den Wänden und Schutzhüllen über den Möbeln, und dann durch eine große dämmrige Halle die Treppe hinauf und in ein Zimmer im ersten Stock.
»Die Bibliothek meines Großvaters«, verkündete sie stolz.
Horace blickte sich mit ausgesprochenem Vergnügen im Raum um. Von seinem Standpunkt aus gesehen, steckte er voller Monstrositäten. Die Köpfe von Sphinxen tauchten an den unwahrscheinlichsten Möbelstücken auf. Es existierte eine kolossale Bronze, die Paul und Virginia darstellte, ferner eine riesige Kaminuhr mit klassischen Motiven, die er brennend gern fotografiert hätte.
»Viele schöne Bücher«, bemerkte Miss Greenshaw.
Raymond stand bereits vor den Bücherreihen. Schon ein flüchtiger Blick verriet ihm, daß kein Buch von wirklichem Interesse dabei war, ja überhaupt kein Buch, das gelesen zu sein schien. Es waren alles prächtig gebundene Sammlungen von Klassikern, wie sie vor neunzig Jahren für die Ausstattung der Bibliothek eines Gentleman geliefert wurden. Es waren auch einige Romane einer vergangenen Zeit darunter. Aber auch sie erweckten den Eindruck, als ob sie nie gelesen worden seien.
Miss Greenshaw fummelte in den Schubladen eines ungeheuren Schreibtisches herum und holte schließlich eine Pergamenturkunde hervor.
»Mein Testament«, erläuterte sie. »Man muß ja sein Geld irgend jemandem vermachen – so heißt es wenigstens. Wenn ich ohne Testament stürbe, fiele es an den Sohn des Pferdehändlers. Hübscher Bursche, dieser Harry Fletcher, aber ein ausgekochter Schurke. Ich sehe nicht ein, warum *sein* Sohn diesen Besitz erben soll. Nein«, fuhr sie fort, gleichsam in Erwiderung auf einen unausgesprochenen Einwand, »ich habe es mir überlegt und hinterlasse alles Cresswell.«
»Ihrer Haushälterin?«
»Ja. Ich habe ihr alles auseinandergesetzt. Ich vermache ihr alles, was ich besitze, dann brauche ich ihr keinen Lohn mehr zu zahlen. Dadurch spare ich eine Menge laufender Ausgaben, und

es spornt sie etwas an. Vor allen Dingen kann sie mir nicht
kündigen und jeden Augenblick einfach davonlaufen. Sie ist sehr
großspurig, nicht wahr? Dabei war ihr Vater nur ein kleiner
Klempner. Sie hat also gar keine Veranlassung, sich etwas einzubilden.«
Mittlerweile hatte sie das Dokument auseinandergefaltet. Jetzt
nahm sie einen Federhalter, tauchte ihn ins Tintenfaß und schrieb
ihren Namen: Katharine Dorothy Greenshaw.
»So ist's richtig«, sagte sie. »Sie haben gesehen, daß ich es
unterzeichnet habe. Jetzt unterzeichnen Sie, und damit wird es
rechtskräftig.«
Sie reichte Raymond West den Federhalter. Raymond zögerte
einen Augenblick, da er eine unerwartete Abneigung empfand,
dieser Bitte zu entsprechen. Dann kritzelte er rasch den wohlbekannten Namenszug, wofür ihm der Postbote gewöhnlich mindestens ein halbes Dutzend Bittbriefe am Tag brachte.
Horace nahm den Federhalter und fügte seine winzige Unterschrift hinzu.
»Das wäre erledigt«, sagte Miss Greenshaw.
Dann ging sie zu den Bücherschränken und stand unschlüssig
davor. Schließlich öffnete sie eine der Glastüren, nahm ein Buch
heraus und schob das zusammengefaltete Dokument hinein.
»Ich habe meine besonderen Verstecke«, sagte sie.
»*Lady Audleys Geheimnis*«, bemerkte Raymond West, der den Titel
sah, als sie das Buch wieder an seinen Platz stellte.
Miss Greenshaw brach erneut in Gelächter aus.
»Damals ein Bestseller«, sagte sie. »Im Gegensatz zu Ihren Büchern, wie?«
Sie gab Raymond plötzlich einen freundlichen Stups in die
Rippen. Raymond war ziemlich überrascht, daß sie überhaupt
wußte, daß er Bücher schrieb.
»Dürfte ich vielleicht«, fragte Horace aufgeregt, »eine Aufnahme
von der Uhr machen?«
»Selbstverständlich«, sagte Miss Greenshaw. »Sie stammt, glaube
ich, von der Pariser Ausstellung.«
»Sehr wahrscheinlich«, meinte Horace und machte sein Bild.
»Dieser Raum ist seit meines Großvaters Lebzeiten nicht viel
benutzt worden«, sagte Miss Greenshaw. »Dieser Schreibtisch ist
angefüllt mit seinen alten Tagebüchern. Sicherlich sehr interessant. Meine Augen sind leider so schlecht, daß ich sie nicht selbst
lesen kann. Ich möchte sie gern veröffentlichen lassen, aber das

erfordert gewiß einige Arbeit.«
»Dafür könnten Sie jemanden engagieren«, schlug Raymond West vor.
»Wirklich? Das wäre überhaupt eine Idee. Ich werde es mir überlegen.«
Raymond West blickte auf seine Uhr.
»Wir dürfen Ihre Zeit nicht länger in Anspruch nehmen«, sagte er.
»Ich habe mich sehr über Ihren Besuch gefreut«, sagte Miss Greenshaw huldvoll. »Zuerst hatte ich angenommen, Sie seien der Polizist, als Sie um die Ecke des Hauses kamen.«
»Weshalb gerade ein Polizist?« fragte Horace, der gern Fragen stellte.
Miss Greenshaw ging anders darauf ein, als sie erwartet hatten.
»Wenn Sie wissen wollen, was die Uhr geschlagen hat, fragen Sie einen Polizisten«, zwitscherte sie. Mit dieser Kostprobe viktorianischen Witzes stieß sie Horace in die Rippen und brach einmal mehr in schallendes Gelächter aus.
»Ein wunderbarer Nachmittag«, seufzte Horace auf dem Heimweg. »Das Haus besitzt wirklich alles. Das einzige, was in der Bibliothek noch fehlt, ist eine Leiche. Ich bin überzeugt, daß den Verfassern dieser uralten Detektivgeschichten, wo der Mord immer in der Bibliothek stattfand, gerade eine solche Bibliothek vor Augen schwebte.«
»Wenn du dich gern über Mord unterhalten willst«, sagte Raymond, »mußt du dich an meine Tante Jane wenden.«
»Deine Tante Jane? Meinst du etwa Miss Marple?« Horace war ein wenig überrascht.
Die bezaubernde, ehrwürdige Dame, der er gestern abend vorgestellt worden war, schien die letzte Person zu sein, die man irgendwie mit Mordfällen in Verbindung brachte.
»O ja«, erwiderte Raymond. »Mord ist ihre Spezialität.«
»Aber, mein lieber Junge, wie interessant! Doch was willst du eigentlich damit sagen?«
»Genau das«, entgegnete Raymond und fügte erläuternd hinzu: »Manche begehen einen Mord, manche werden in eine Mordangelegenheit verwickelt, und anderen werden Morde aufgedrängt. Meine Tante Jane gehört zur dritten Kategorie.«
»Das soll wohl ein Scherz sein.«
»Durchaus nicht. Ich kann dich an einen früheren Kommissar von Scotland Yard, mehrere hohe Polizeibeamte des Bezirks und

einige vielbeschäftigte Inspektoren des C.I.D. verweisen.«
Horace erklärte glückstrahlend, daß man aus dem Staunen überhaupt nicht mehr herauskomme. Am Teetisch erstatteten sie Raymonds Frau, Joan, ihrer Nichte Lou Oxley und der alten Miss Marple Bericht über die Erlebnisse des Nachmittags, wobei sie alle von Miss Greenshaw gemachten Äußerungen, bis ins kleinste Detail wiederholten.
»Aber ich muß sagen«, gestand Horace, »daß das ganze Etablissement einen etwas unheimlichen Eindruck auf mich gemacht hat, Diese fürstliche Kreatur, die Haushälterin – vielleicht etwas Arsen in die Teekanne, jetzt, wo sie weiß, daß ihre Herrin ein Testament zu ihren Gunsten gemacht hat?«
»Nun, verrate es uns mal, Tante Jane«, scherzte Raymond. »Wird es einen Mord geben oder nicht? Was ist deine Ansicht?«
»Meine Ansicht ist«, erwiderte Miss Marple, während sie mit ziemlich strenger Miene ihr Wollknäuel wickelte, »daß du nicht dauernd über solche Dinge spötteln solltest, Raymond. Arsen ist natürlich durchaus möglich. So leicht zu erlangen. Wahrscheinlich schon in Form eines Unkrautvertilgungsmittels im Geräteschuppen vorhanden.«
»Aber liebste Tante«, sagte Joan zärtlich, »würde man nicht etwas zu leicht dahinterkommen?«
»Es ist ja ganz schön, wenn man ein Testament macht«, warf Raymond ein, »aber ich glaube nicht, daß das arme alte Geschöpf irgend etwas zu hinterlassen hat außer dem großen Kasten. Und wer hätte schon für dieses mehr kostspielige als einträgliche Haus Verwendung?«
»Womöglich eine Filmgesellschaft«, meinte Horace. »Vielleicht könnte auch ein Hotel oder ein Heim daraus gemacht werden.«
»Solche Interessenten wollen es für ein Ei und ein Butterbrot haben«, behauptete Raymond.
Doch Miss Marple schüttelte den Kopf.
»Weißt du, lieber Raymond, ich kann deine Ansicht nicht teilen. Hinsichtlich des Geldes, meine ich. Der Großvater war offenbar einer jener Verschwender, die rasch zu Geld kommen, es aber nicht zusammenhalten können. Er hat vielleicht, wie du sagst, kein Geld mehr gehabt, aber er war wohl kaum bankrott. Sonst hätte sein Sohn das Haus nicht halten können. Der Sohn war aber nun, wie es so oft der Fall ist, ganz anders veranlagt als sein Vater. Er war ein Geizhals. Ein Mann, der jeden Pfennig zehnmal umdrehte, ehe er ihn ausgab. Ich möchte wohl annehmen, daß er

im Laufe seines Lebens eine ganz beträchtliche Summe beiseite gelegt hat. Diese Miss Greenshaw ist offenbar genauso geartet wie ihr Vater. Auch sie gibt nicht gern etwas aus. Ich halte es daher für sehr wahrscheinlich, daß sie eine ziemliche Summe auf die hohe Kante gelegt hat.«

»Wenn die Sache so liegt«, sagte Joan, »wie wär's dann mit Lou?«

Sie blickten alle zu Lou hinüber, die schweigsam am Feuer saß. Lou war Joans Nichte. Ihre Ehe war kürzlich, wie sie sich selbst ausdrückte, in die Brüche gegangen, und sie saß daher mit zwei kleinen Kindern und sehr wenig Geld für ihren Unterhalt da.

»Ich meine«, fuhr Joan fort, »wenn diese Miss Greenshaw wirklich jemanden sucht, der sich dieser Tagebücher annimmt und sie zur Veröffentlichung vorbereitet...«

»Keine schlechte Idee«, meinte Raymond.

Lou sagte mit leiser Stimme:

»Das ist eine Arbeit, die ich übernehmen könnte, und ich hätte Spaß daran.«

»Ich werde ihr schreiben«, erbot sich Raymond.

»Ich möchte ganz gern wissen«, äußerte Miss Marple sich nachdenklich, »was die alte Dame wohl mit der Bemerkung von dem Polizisten meinte.«

»Oh, das war sicher nur ein Scherz.«

»Diese Äußerung«, erklärte Miss Marple, während sie nachdrücklich mit dem Kopf nickte, »erinnert mich lebhaft an Mr. Naysmith.«

»Und wer war Mr. Naysmith?« erkundigte sich Raymond neugierig.

»Ein Bienenzüchter«, antwortete Miss Marple. »Auch verstand er sich sehr gut auf die Akrostichen in den Sonntagsblättern und hatte großen Spaß daran, seinen Mitmenschen aus Ulk falsche Eindrücke zu hinterlassen. Aber das führte manchmal zu Unannehmlichkeiten.«

Alle schwiegen eine Weile und dachten über Mr. Naysmith nach. Da jedoch zwischen ihm und Miss Greenshaw kein Zusammenhang zu bestehen schien, kam man zu dem Schluß, daß die liebe Tante Jane in ihrem Alter vielleicht ein ganz klein wenig faselig wurde.

Horace Bindler kehrte nach London zurück, ohne weitere Monstrositäten gesammelt zu haben, und Raymond West schrieb einen Brief an Miss Greenshaw, in dem er ihr mitteilte, daß er eine Mrs. Louisa Oxley kenne, die in der Lage sei, die Arbeit an den Tagebüchern zu übernehmen. Nach Ablauf einiger Tage kam ein Brief in zittriger altmodischer Handschrift, in dem Miss Greenshaw sich bereit erklärte, Mrs. Oxleys Dienste in Anspruch zu nehmen und einen Tag festsetzte, an dem Mrs. Oxley sich vorstellen sollte.

Lou präsentierte sich pünktlichst zur angegebenen Zeit. Es wurde ein großzügiges Honorar vereinbart, und sie begann gleich am nächsten Tag mit ihrer Arbeit.

»Ich bin dir äußerst dankbar«, sagte sie zu Raymond. »Es paßt alles wunderschön. Ich kann die Kinder erst zur Schule bringen, anschließend zu Greenshaws Monstrum gehen und sie auf dem Heimweg wieder abholen. Wie phantastisch das ganze Etablissement doch ist! Die alte Dame spottet jeder Beschreibung.«

Am Abend ihres ersten Arbeitstages berichtete Lou von ihren Erlebnissen.

»Die Haushälterin habe ich kaum gesehen. Sie erschien um halb zwölf mit verächtlich gespitztem Mund und brachte mir Kaffee und Kekse, wobei sie kaum ein Wort mit mir wechselte. Ich glaube, es paßt ihr ganz und gar nicht, daß ich engagiert worden bin. Zwischen ihr und Alfred, dem Gärtner, scheint eine große Fehde zu bestehen. Er stammt aus dem Dorf und ist offenbar ziemlich faul. Die beiden reden nicht miteinander. Miss Greenshaw bemerkte in ihrer etwas erhabenen Art: ›Solange ich mich entsinnen kann, bestand immer eine Fehde zwischen dem Garten- und Hauspersonal. Schon zu meines Großvaters Zeiten. Damals hatten wir drei Gärtner und einen Burschen im Garten und acht Mädchen im Haus, und es gab immer Reibereien.‹«

Am folgenden Tag kehrte Lou mit einer anderen Neuigkeit zurück.

»Stellt euch bloß vor«, sagte sie. »Heute morgen wurde ich gebeten, den Neffen anzurufen.«

»Miss Greenshaws Neffen?«

»Ja. Er ist anscheinend Schauspieler und wirkt bei einer Theatergruppe mit, die Sommervorstellungen in Boreham on Sea gibt. Ich rief das Theater an und ließ ihm bestellen, daß er morgen zum Lunch kommen möchte. Es war ziemlich lustig. Die Alte wollte nicht, daß die Haushälterin etwas davon erfuhr. Ich glaube, Mrs. Cresswell hat etwas getan, worüber sie sich geärgert hat.«

»Morgen die nächste Fortsetzung dieses spannenden Romans«,

murmelte Raymond.
»Ja, es ist genau wie in einem Zeitungsroman, nicht wahr? Versöhnung mit dem Neffen – Blut ist dicker als Wasser – ein neues Testament – das alte zerstört.«
»Tante Jane, du siehst ja so ernst aus.«
»Meinst du, liebes Kind? Hast du noch etwas von dem Polizisten gehört?«
»Von einem Polizisten weiß ich nichts.«
»Jene Äußerung, die Miss Greenshaw machte, liebes Kind, muß irgendeine Bedeutung gehabt haben.«
Lou kam am nächsten Tag in heiterer Verfassung an ihrer Arbeitsstätte an. Sie schritt durch die offene Haustür – die Türen und Fenster des Hauses standen immer offen. Angst vor Einbrechern schien Miss Greenshaw nicht zu haben, und da die meisten Sachen im Haus mehrere Tonnen wogen und unverkäuflich waren, schien diese Einstellung durchaus berechtigt zu sein.
In der Einfahrt war Lou dem jungen Alfred begegnet. Als sie ihn zuerst erblickte, lehnte er an einem Baum und rauchte eine Zigarette. Doch sobald er sie sah, hatte er einen Besen ergriffen und eifrig Blätter zusammengekehrt. Ein fauler junger Mann, dachte sie, aber gutaussehend. Seine Züge erinnerten sie an jemanden. Als sie auf dem Weg nach oben zur Bibliothek durch die Halle ging, fiel ihr Blick auf das große Bild von Nathaniel Greenshaw, das über dem Kaminsims hing und ihn auf dem Gipfel viktorianischen Wohlstandes darstellte: zurückgelehnt in einem tiefen Sessel, die Hände auf der goldenen Uhrkette ruhend, die sich quer über seinen geräumigen Magen erstreckte. Als ihr Blick hinauf zum Gesicht mit seinen runden Wangen, den buschigen Augenbrauen und dem schwungvollen Schnurrbart wanderte, kam ihr der Gedanke, daß Nathaniel Greenshaw früher einmal ein hübscher Mann gewesen sein mußte. Vielleicht hatte er ein wenig wie Alfred ausgesehen...
Sie ging in die Bibliothek und schloß die Tür hinter sich zu. Dann nahm sie die Hülle von der Schreibmaschine und holte die Tagebücher aus einer der Seitenschubladen des Schreibtisches. Durch das geöffnete Fenster sah sie Miss Greenshaw, die sich in einem gelb und braun geblümten Kattunkleid über das Steinbeet beugte und eifrig Unkraut zupfte. Während der letzten beiden Tage hatte es viel geregnet, und da war das Unkraut tüchtig in die Höhe geschossen.
Lou, die in der Stadt aufgewachsen war, beschloß, daß ihr Garten

– falls sie je einen haben sollte – niemals ein Steinbeet enthalten würde, das mit der Hand gejätet werden mußte. Dann machte sie sich an ihre Arbeit.
Als Mrs. Cresswell um halb zwölf mit dem Kaffee in die Bibliothek kam, war sie offenbar in sehr schlechter Laune. Sie knallte das Tablett auf den Tisch und bemerkte zu der Welt im allgemeinen:
»Gäste zum Lunch – und nichts im Hause! Ich möchte bloß wissen, wie ich das schaffen soll. Und Alfred nirgends zu sehen!«
»Er fegte Laub in der Einfahrt, als ich ankam«, wagte Lou zu bemerken.
»Das kann ich mir denken. Eine schöne, bequeme Arbeit.«
Mrs. Cresswell rauschte aus dem Zimmer und schlug die Tür hinter sich zu.
Lou schmunzelte vor sich hin und fragte sich im stillen, wie der »Neffe« wohl sein mochte.
Sie trank ihren Kaffee aus und stürzte sich wieder in ihre Arbeit, die sie so fesselte, daß die Zeit rasch verging. Als Nathaniel Greenshaw ein Tagebuch zu führen begann, hatte er sich durchaus keine Zurückhaltung auferlegt. Während Lou eine Stelle tippte, die sich auf die persönlichen Reize einer Bardame in der benachbarten Stadt bezog, kam sie zu der Ansicht, daß noch sehr viel Redaktionsarbeit geleistet werden müsse.
Aus diesen Gedankengängen wurde sie plötzlich durch einen Schrei vom Garten her aufgeschreckt. Sie sprang auf und rannte ans offene Fenster. Miss Greenshaw kam gerade schwankend vom Steinbeet auf das Haus zu. Sie hatte die Hände an die Brust gepreßt, und zwischen ihnen ragte ein gefiederter Schaft hervor, den Lou voller Bestürzung als den Schaft eines Pfeiles erkannte. Miss Greenshaws Kopf, auf dem der mitgenommene Strohhut thronte, sank auf die Brust herab. Mit versagender Stimme rief sie zu Lous Fenster empor:
»... getroffen ... er hat auf mich geschossen ... mit einem Pfeil ... holen Sie Hilfe ...«
Lou stürzte zur Tür. Sie drehte den Knopf, aber die Tür ließ sich nicht öffnen. Nach einigen vergeblichen Bemühungen merkte sie, daß sie eingeschlossen war. Sie lief wieder ans Fenster zurück.
»Ich bin eingeschlossen!«
Miss Greenshaw, die Lou den Rücken zugewandt hatte, stand ein

wenig schwankend auf den Füßen und rief zu dem etwas weiter gelegenen Fenster der Haushälterin hinauf:
»Rufen Sie die Polizei... telefonieren Sie...«
Wie eine Trunkene von Seite zu Seite torkelnd, verschwand sie dann aus Lous Gesichtskreis durch die Glastür, die in den Salon führte. Einen Augenblick später vernahm Lou das Krachen von Geschirr, einen schweren Fall, dann war es still. In ihrer Phantasie malte sie sich die Szene aus, Miss Greenshaw mußte blindlings gegen einen kleinen Tisch mit einem Teeservice aus Sèvresporzellan getaumelt und dann gefallen sein.
Verzweifelt hämmerte Lou an die Tür und rief aus Leibeskräften. Außen am Fenster gab es weder Ranken noch Abflußrohre, an denen sie hätte hinunterklettern können. Nachdem sie lange vergeblich an die Tür gehämmert hatte, kehrte sie zum Fenster zurück und sah, wie der Kopf der Haushälterin am Fenster ihres Wohnzimmers erschien.
»Kommen Sie doch bitte, Mrs. Oxley, und lassen Sie mich heraus. Ich bin eingeschlossen.«
»Ich auch.«
»Du liebe Güte, ist das nicht schrecklich? Ich habe die Polizei angerufen. In diesem Zimmer ist nämlich ein Telefonanschluß. Aber ich kann ganz und gar nicht verstehen, Mrs. Oxley, warum wir eingeschlossen sind. Ich habe überhaupt nicht gehört, wie der Schlüssel umgedreht wurde. Sie etwa?«
»Nein. Ich habe auch nichts gehört. Lieber Himmel, was sollen wir bloß machen? Vielleicht kann Alfred uns hören.«
Lou rief aus voller Kehle: »Alfred, Alfred!«
»Ist wahrscheinlich zum Essen gegangen. Wie spät ist es eigentlich?«
Lou blickte auf ihre Uhr.
»Fünfundzwanzig nach zwölf.«
»Er soll eigentlich erst um halb eins gehen. Aber sobald er kann, schleicht er sich früher davon.«
»Glauben Sie – glauben Sie...«
Lou wollte fragen: Glauben Sie, daß sie tot ist? Aber die Worte blieben ihr im Halse stecken.
Es blieb nichts anderes übrig, als zu warten, und sie setzte sich auf die Fensterbank. Es schien eine Ewigkeit zu dauern, bis die behelmte Gestalt eines Polizisten um die Ecke des Hauses bog. Lou lehnte sich aus dem Fenster, und er blickte zu ihr hoch, wobei er die Augen mit der Hand beschattete. Als er sprach, klang seine

Stimme sehr vorwurfsvoll.
»Was geht denn hier vor sich?« fragte er.
Von ihren verschiedenen Fenstern aus überschütteten Lou und Mrs. Cresswell ihn mit einer Flut aufgeregter Informationen.
Der Mann holte ein Notizbuch und einen Bleistift hervor.
»Und Sie, meine Damen, rannten also nach oben und schlossen sich ein? Wollen Sie mir bitte Ihre Namen nennen?«
»Nein. Jemand anders hat uns eingeschlossen. Kommen Sie endlich, und lassen Sie uns raus.«
Tadelnd entgegnete der Hüter des Gesetzes:
»Alles zu seiner Zeit.« Damit verschwand er durch die Glastür. Wieder schien eine Ewigkeit zu vergehen. Dann hörte Lou das Geräusch eines nahenden Wagens, und nach einer gewissen Zeit, die Lou wie eine Stunde vorkam, in Wirklichkeit aber nur drei Minuten umfaßte, wurden zuerst Mrs. Cresswell und dann Lou von einem Sergeant befreit, der etwas besser auf dem Posten zu sein schien als der Kollege.
»Miss Greenshaw?« Lous Stimme stockte. »Was – was ist eigentlich geschehen?«
Der Sergeant räusperte sich.
»Es tut mir leid«, sagte er, »Ihnen mitteilen zu müssen, Madam, was ich Mrs. Cresswell hier bereits gesagt habe. Miss Greenshaw ist tot.«
»Ermordet«, fügte Mrs. Cresswell hinzu. »Ein regelrechter Mord.«
Der Sergeant bemerkte zweifelnd:
»Könnte auch ein Unglücksfall sein – vielleicht haben ein paar Buben mit Pfeil und Bogen geschossen.«
Wieder hörte man, wie ein Wagen ankam.
»Das wird der Polizeiarzt sein«, meinte der Sergeant und begab sich nach unten.
Aber es war nicht der Polizeiarzt. Als Lou und Mrs. Cresswell die Treppe hinunterstiegen, trat ein junger Mann zögernd durch die Haustür und blieb, mit etwas verwirrter Miene Umschau haltend, stehen.
Dann fragte er mit angenehmer Stimme, die Lou irgendwie bekannt vorkam – vielleicht ähnelte sie Miss Greenshaws Stimme –:
»Entschuldigen Sie bitte, wohnt hier – hm – Miss Greenshaw?«
»Dürfte ich um Ihren Namen bitten«, sagte der Sergeant, der auf ihn zutrat.

»Fletcher«, erwiderte der junge Mann. »Nat Fletcher. Ich bin Miss Greenshaws Neffe.«
»Tja, Sir, es tut mir sehr leid –«
»Ist etwas passiert?« fragte Nat Fletcher.
»Es hat sich ein – Unglücksfall ereignet. Ihre Tante wurde von einem Pfeil getroffen – er hat die Schlagader durchdrungen…«
Mrs. Cresswell sprach hysterisch und ohne ihre übliche Affektiertheit: »Ihre Tante ist ermordet worden. Das ist es, was passiert ist. Ihre Tante ist ermordet.«

Inspektor Welch zog seinen Stuhl etwas näher an den Tisch und ließ seinen Blick der Reihe nach über die vier Anwesenden im Zimmer wandern. Es war der Abend desselben Tages. Er hatte bei den Wests vorgesprochen, um sich noch einmal Lou Oxleys Aussage wiederholen zu lassen.
»Sind Sie ganz sicher, daß sie rief: ›*Getroffen – er hat auf mich geschossen – mit einem Pfeil – holen Sie Hilfe*‹?«
Lou nickte.
»Und die Zeit?«
»Ich sah ein paar Minuten später auf meine Uhr, da war es zwölf Uhr fünfundzwanzig.«
»Geht Ihre Uhr genau?«
»Ich habe auch auf die Kaminuhr gesehen.«
Der Inspektor wandte sich an Raymond West.
»Ungefähr vor einer Woche haben Sie, Sir, und ein gewisser Mr. Horace Bindler offenbar Miss Greenshaws Testament als Zeugen unterschrieben. Stimmt das?«
In kurzen Sätzen schilderte Raymond die Ereignisse jenes Nachmittags, an dem er und Horace Bindler Greenshaws Monstrum einen Besuch abgestattet hatten.
»Diese Aussage mag von großer Wichtigkeit sein«, sagte Welch. »Miss Greenshaw hat Ihnen also deutlich gesagt, daß sie ein Testament zugunsten der Haushälterin, Mrs. Cresswell, gemacht habe und Mrs. Cresswell keinen Lohn zahle im Hinblick auf das Erbe, das sie bei ihrem Tod zu erwarten habe?«
»Ja, das hat sie gesagt.«
»Sind Sie der Ansicht, daß Mrs. Cresswell definitiv darüber Bescheid wußte?«
»Das möchte ich ohne weiteres behaupten. Miss Greenshaw machte in Gegenwart von Mrs. Cresswell eine Anspielung darauf, daß Erben das Testament nicht als Zeugen unterschreiben könn-

ten, und Mrs. Cresswell verstand offensichtlich, was damit gemeint war. Außerdem erwähnte Miss Greenshaw mir gegenüber, daß sie die Sache so mit Mrs. Cresswell arrangiert habe.«
»Mrs. Cresswell hatte also allen Grund zu der Annahme, daß sie durch Miss Greenshaws Tod profitieren würde. Das Motiv in ihrem Fall ist deutlich genug, und sie würde wohl unsere Hauptverdachtsperson sein, wenn sie nicht, ebenso wie Mrs. Oxley, fest in ihrem Zimmer eingeschlossen gewesen wäre und Miss Greenshaw nicht definitiv gesagt hätte, ein *Mann* habe auf sie geschossen.«
»War sie bestimmt in ihrem Zimmer eingeschlossen?«
»Ja. Sergeant Cayley hat sie herausgelassen. Es ist ein großes altmodisches Schloß mit einem großen altmodischen Schlüssel. Der Schlüssel steckte im Schloß, und es ist ganz unmöglich, daß er von innen hätte umgedreht werden können oder ähnliche Mätzchen. Nein, Sie dürfen sich darauf verlassen, daß Mrs. Cresswell in dem Zimmer eingeschlossen war und nicht herauskonnte. Auch waren weder Bogen noch Pfeile im Zimmer vorhanden, ganz abgesehen davon, daß Miss Greenshaw überhaupt nicht von einem Fenster aus getroffen werden konnte. Der Winkel stimmt nicht. Nein, Mrs. Cresswell kommt nicht in Betracht.«
Nach einer kleinen Pause fuhr er fort:
»War Miss Greenshaw Ihrer Meinung nach zu Schabernack aufgelegt?«
Miss Marple in ihrer Ecke wurde hellhörig.
»Dann war das Testament doch nicht zu Mrs. Cresswells Gunsten, wie?« fragte sie.
Inspektor Welch warf ihr einen höchst erstaunten Blick zu.
»Das haben Sie sehr klug erraten, Madam«, sagte er. »Nein. Mrs. Cresswell ist nicht zur Erbin ernannt.«
»Genau wie Mr. Naysmith«, meinte Miss Marple und nickte vor sich hin. »Miss Greenshaw vertraute Mrs. Cresswell an, daß sie ihr alles hinterlassen würde, und drückte sich auf diese Weise davor, ihr den Lohn auszuzahlen. Und dann vermachte sie ihr Geld einem anderen. Zweifellos war sie sehr mit sich zufrieden. Kein Wunder, daß sie sich eins ins Fäustchen lachte, als sie das Testament in *Lady Audleys Geheimnis* versteckte.«
»Ein Glück, daß Mrs. Oxley uns darüber Auskunft geben konnte«, meinte der Inspektor. »Sonst hätten wir recht lange danach suchen können.«
»Ein viktorianischer Sinn für Humor«, murmelte Raymond West.

»Dann hat sie also letzten Endes doch ihrem Neffen alles vermacht.«
Der Inspektor schüttelte den Kopf.
»Nein«, erwiderte er. »Nat Fletcher ist nicht der Erbe. Es geht das Gerücht um – ich bin natürlich fremd hier und bekomme allen Tratsch aus zweiter Hand – wie gesagt, es heißt, daß in den alten Tagen Miss Greenshaw ebenfalls in den hübschen jungen Reitlehrer verliebt war. Aber die Schwester zog mit dem Preis von dannen. Nein, sie hat ihrem Neffen nichts hinterlassen.« Er hielt inne und rieb sich das Kinn. »Alfred ist der lachende Erbe«, schloß er.
»Alfred – der Gärtner?« kam es überrascht von Joans Lippen.
»Ja, Mrs. West. Alfred Pollock.«
»Aber warum nur?« rief Lou.
Miss Marple räusperte sich und murmelte:
»Vielleicht irre ich mich, aber ich könnte mir vorstellen, daß da sogenannte Familiengründe mitgespielt haben.«
»So könnte man es bezeichnen«, pflichtete der Inspektor ihr bei. »Es ist anscheinend im ganzen Dorf bekannt, daß Thomas Pollock, Alfreds Großvater, ein außereheliches Produkt des alten Mr. Greenshaw war.«
»Aber natürlich«, rief Lou, »die Ähnlichkeit! Die habe ich heute morgen festgestellt.«
Sie erinnerte sich daran, wie sie nach der Begegnung mit Alfred ins Haus gekommen war und das Porträt des alten Greenshaw betrachtet hatte.
»Wahrscheinlich nahm sie an«, ließ Miss Marple sich hören, »daß Alfred Pollock stolz auf das Haus sein würde und vielleicht sogar darin wohnen möchte, während ihr Neffe fast mit Sicherheit kein Interesse daran haben und es so rasch wie möglich verkaufen würde. Er ist Schauspieler, nicht wahr? In was für einem Stück tritt er eigentlich im Augenblick auf?«
Immer müssen sie vom Thema abschweifen, diese alten Damen, dachte Inspektor Welch, aber er beantwortete höflich ihre Frage.
»Ich glaube, Madam, sie führen in dieser Saison James Barries Stück auf.«
»Barrie«, wiederholte Miss Marple nachdenklich.
»*Was jede Frau weiß*«, sagte Inspektor Welch und errötete dann. »Name eines Stückes«, fügte er rasch hinzu. »Ich selbst gehe nicht viel ins Theater, aber meine Frau hat es sich in der letzten Woche

angesehen. Gut gespielt, ...nte sie.«
»Barrie hat reizende Stücke geschrieben«, bemerkte Miss Marple.
»Ich muß allerdings gestehen, als ich mir zuerst mit einem alten Freund, General Easterly, Barries *Little Mary* ansah, wußten wir alle beide vor Verlegenheit nicht, was wir anfangen sollten.«
Der Inspektor, der das Stück *Little Mary* nicht kannte, war völlig verdutzt, und Miss Marple erklärte:
»Als ich ein junges Mädchen war, Inspektor, hat niemand das Wort ›Leib‹ in den Mund genommen.«
Der Inspektor schien noch ratloser als zuvor, während Miss Marple einige Titel vor sich hinmurmelte.
The Admirable Crichton. Sehr geistreich. *Mary Rose* – ein reizendes Stück. Ich habe dabei geweint, das weiß ich noch. *Quality Street* – davon war ich nicht sehr erbaut. Dann gab es noch *A Kiss for Cinderella.* Oh, natürlich.«
Inspektor Welch war nicht geneigt, seine Zeit mit Theaterdiskussionen zu verschwenden, und kehrte zur Sache zurück.
»Eine Frage müssen wir uns stellen«, meinte er. »Wußte Alfred Pollock, daß die alte Dame ein Testament zu seinen Gunsten gemacht hatte? Hatte sie es ihm wohl gesagt?« Dann fügte er hinzu: »Drüben in Boreham Lovell gibt es nämlich einen Bogenschützenclub, und Alfred Pollock ist Mitglied. Er ist sogar ein sehr guter Bogenschütze.«
»Ist dann nicht alles ganz klar?« fragte Raymond West. »Es würde auch mit den verschlossenen Türen übereinstimmen; denn er wußte ja, wo die Damen sich im Hause aufhielten.«
Der Inspektor blickte ihn an und sagte mit tiefer Melancholie: »Er hat ein Alibi.«
»Ich meine immer, Alibis sind entschieden verdächtig.«
»Vielleicht, Sir«, sagte Inspektor Welch. »Aber Sie sprechen als Schriftsteller.«
»Ich schreibe keine Detektivromane«, erklärte Raymond West, ganz entsetzt über den bloßen Gedanken.
»Man kann leicht sagen, daß Alibis verdächtig seien«, meinte Inspektor Welch. »Aber unglücklicherweise müssen wir uns an die Tatsachen halten.« Seufzend fuhr er fort:
»Wir haben drei gute Verdächtige. Drei Menschen, die zufällig um die Zeit nicht weit vom Tatort entfernt waren. Doch seltsamerweise hat es den Anschein, als ob niemand von diesen dreien der Täter sein könnte. Über die Haushälterin habe ich schon

gesprochen. Der Neffe, Nat Fletcher, war zu der Zeit, als Miss Greenshaw vom Pfeil getroffen wurde, ein paar Kilometer entfernt bei einer Garage, wo er tankte und sich nach dem Weg erkundigte. Und was Alfred Pollock angeht, so wollen sechs Personen beschwören, daß er um zwanzig Minuten nach zwölf das Gasthaus ›Hund und Ente‹ betreten und sich dort eine Stunde bei seinem üblichen, aus Käse, Brot und Bier bestehenden Lunch aufgehalten hat.«

»Das hat er wohl absichtlich getan, um sich ein Alibi zu beschaffen«, sagte Raymond West hoffnungsvoll.

»Vielleicht«, meinte Inspektor Welch. »Aber wie dem auch sei, er hat es jedenfalls beschafft.«

Es folgte ein längeres Schweigen. Dann wandte Raymond sich an Miss Marple, die kerzengerade und nachdenklich in ihrer Ecke saß.

»Nun liegt's an dir, Tante Jane«, meinte er. »Der Inspektor, der Sergeant, Joan, Lou und ich – wir stehen alle vor einem Rätsel. Aber in deinen Augen, Tante Jane, ist doch alles kristallklar. Habe ich nicht recht?«

»Das möchte ich nicht behaupten«, erwiderte Miss Marple, »nicht gerade *kristallklar*, und ein Mord, lieber Raymond, ist kein Zeitvertreib. Ich glaube nicht, daß die arme Miss Greenshaw gern sterben wollte, und es war ein äußerst brutaler Mord. Sehr gut geplant und durchaus kaltblütig. So etwas zieht man nicht ins Lächerliche.«

»Ich bitte vielmals um Verzeihung«, sagte Raymond beschämt. »In Wirklichkeit bin ich nicht so abgebrüht. Man behandelt oft manches nicht mit dem nötigen Ernst, um das – das Grausen zu mildern.«

»Das ist, glaube ich, die moderne Tendenz«, sagte Miss Marple. »Alle diese Kriege und die Witze bei Beerdigungen. Ja, es war vielleicht gedankenlos von mir zu sagen, du seist gefühllos.«

»Es ist ja auch nicht so«, warf Joan ein, »als hätten wir Miss Greenshaw gut gekannt.«

»Das ist sehr richtig«, gab Miss Marple zu. »Du, liebe Joan, hast sie überhaupt nicht gekannt. Ich ebenfalls nicht. Raymond hat aus einer kurzen Unterhaltung einen flüchtigen Eindruck von ihr gewonnen, und Lou hat sie zwei Tage lang gekannt.«

»Komm, Tante Jane, verrate uns nun endlich deine Ansichten. Sie haben doch hoffentlich nichts dagegen, Inspektor?«

»Nicht das geringste«, entgegnete der Inspektor höflich.

»Nun, lieber Raymond, es sieht ja so aus, als hätten wir drei Personen, die ein Motiv für den Mord an der alten Dame hatten oder zu haben glaubten. Und drei einfache Gründe, warum niemand von ihnen es getan haben konnte. Die Haushälterin scheidet aus, weil sie in ihrem Zimmer eingeschlossen war und Miss Greenshaw deutlich erklärt hatte, daß ein Mann auf sie geschossen habe. Der Gärtner, weil er sich zur Zeit des Mordes im Gasthaus ›Hund und Ente‹ aufhielt. Und der Neffe, weil er um diese Zeit mit seinem Wagen noch etwas weiter vom Tatort entfernt war.«

»Sehr klar ausgedrückt, Madam«, lobte der Inspektor.

»Und da es sehr unwahrscheinlich ist, daß ein Außenstehender die Tat begangen hat, wo stehen wir da eigentlich?«

»Das möchte der Inspektor auch gern wissen«, bemerkte Raymond West.

»Man betrachtet eine Sache oft von der falschen Seite. Wenn sich nun am Alibi dieser Personen nichts ändern läßt, könnten wir dann nicht vielleicht die Zeit des Mordes verlegen?«

»Du meinst, daß weder die Kaminuhr noch meine Armbanduhr richtig gingen?« fragte Lou.

»Nein, liebes Kind, das habe ich ganz und gar nicht gemeint. Ich wollte damit sagen, daß der Mord nicht um die Zeit erfolgte, als du es annahmst.«

»Aber ich habe es doch mit eigenen Augen gesehen«, rief Lou.

»Nun, liebes Kind, ich habe mir schon überlegt, ob es nicht beabsichtigt war, daß du es sehen solltest. Ich habe mich gefragt, ob das nicht der eigentliche Grund war, warum du für diese Arbeit engagiert worden bist.«

»Was soll das heißen, Tante Jane? Ich verstehe dich nicht.«

»Nun, das Ganze erscheint etwas merkwürdig. Miss Greenshaw gab bekanntlich nicht gern Geld aus, und doch engagierte sie dich und ging bereitwillig auf deine Gehaltsforderungen ein. Es kommt mir so vor, als habe man beabsichtigt, daß du dich da oben im ersten Stock in der Bibliothek aufhalten und aus dem Fenster sehen solltest, damit du – eine Außenstehende von untadeliger Zuverlässigkeit – bezeugen konntest, daß der Mord zu einer bestimmten Zeit und an einem bestimmten Platz verübt wurde.«

»Aber du willst doch wohl nicht behaupten«, meinte Lou ungläubig, »daß Miss Greenshaw die Absicht hatte, sich ermorden zu lassen?«

»Ich will damit nur sagen, liebes Kind, daß du Miss Greenshaw

eigentlich gar nicht gekannt hast. Es besteht durchaus kein Grund, warum die Miss Greenshaw die du gesehen hast, als du dich vorstelltest, dieselbe Miss Greenshaw sein sollte, mit der Raymond sich ein paar Tage vorher unterhalten hat, nicht wahr? Jaja, ich weiß«, fuhr sie rasch fort, um Lous Einwand zuvorzukommen, »sie trug das altmodische Kattunkleid und den seltsamen Strohhut und hatte wirres Haar. Sie entsprach genau der Beschreibung, die Raymond uns am letzten Wochenende gab. Aber diese beiden Frauen waren sich in Alter, Größe und Figur ziemlich ähnlich. Ich meine die Haushälterin und Miß Greenshaw.«
»Aber die Haushälterin ist dick!« protestierte Lou. »Sie hat einen gewaltigen Busen.«
Miss Marple räusperte sich.
»Aber, mein liebes Kind, heutzutage kann man doch sicherlich ... Ich meine, ich habe – ım – sie schon selbst schamlos in Schaufenstern ausgestellt gesehen. Es ist für jede Frau sehr leicht, einen – eine Büste in jeder Größe und Ausdehnung zu haben.«
»Worauf willst du eigentlich hinaus?« erkundigte sich Raymond.
»Nun, in den zwei oder drei Tagen, als Lou dort arbeitete, hätte meines Erachtens eine Frau gut beide Rollen spielen können. Du hast ja selbst gesagt, Lou, daß du die Haushälterin kaum gesehen hast, abgesehen von dem kurzen Augenblick, wenn sie dir vormittags das Tablett mit dem Kaffee brachte. Auf der Bühne sieht man ja auch diese geschickten Verwandlungskünstler, die nach wenigen Minuten immer wieder in einer anderen Rolle auftreten. Ich bin überzeugt, daß der Wechsel sich sehr rasch bewerkstelligen ließ. Diese Pompadourfrisur war sicher eine Perücke, die man schnell abnehmen und aufstülpen konnte.«
»Tante Jane! Willst du etwa sagen, daß Miss Greenshaw schon tot war, bevor ich mit meiner Arbeit dort begann?«
»Nicht tot. Aber unter der Einwirkung von Betäubungsmitteln, möchte ich behaupten. Für eine gewissenlose Frau wie die Haushälterin eine Kleinigkeit. Dann engagierte sie dich und trug dir auf, den Neffen anzuläuten und ihn für eine bestimmte Zeit zum Lunch einzuladen. Die einzige Person, die gewußt hätte, daß diese Miss Greenshaw *nicht* Miss Greenshaw war, wäre Alfred gewesen. Und wie du dich vielleicht noch entsinnen kannst, waren die ersten beiden Tage, an denen du dort gearbeitet hast, regnerisch, und Miss Greenshaw blieb im Hause. Wegen seiner

Fehde mit der Haushälterin ließ Alfred sich nie im Hause blicken. Und am letzten Morgen war Alfred in der Einfahrt, während Miss Greenshaw im Steingarten arbeitete – diesen Steingarten möchte ich mir eigentlich gern ansehen.«
»Willst du damit sagen, daß Mrs. Cresswell die Täterin war?«
»Ich glaube, die Sache verhält sich folgendermaßen. Nachdem Mrs. Cresswell dir den Kaffee gebracht hatte, schloß sie dich beim Verlassen des Zimmers ein und trug die bewußtlose Miss Greenshaw nach unten in den Salon. Dann verkleidete sie sich wieder als Miss Greenshaw und ging nach draußen, um im Steingarten zu arbeiten, wo du sie vom Fenster aus sehen konntest. Nach einer gewissen Zeit stieß sie einen Schrei aus und kam wankend auf das Haus zu, während sie mit den Händen einen Pfeil umklammerte und so tat, als habe er ihre Brust durchdrungen. Sie rief um Hilfe, wobei sie sorgsam darauf achtete, zu sagen: ›*Er* hat auf mich geschossen‹, um jeden Verdacht von der Haushälterin abzulenken. Sie rief auch einige Worte zum Fenster der Haushälterin hinauf, als habe sie sie dort gesehen. Sobald sie dann im Salon war, stieß sie einen Tisch mit Porzellan um und rannte flink nach oben, wo sie ihre Pompadourperücke aufsetzte und wenige Augenblicke später den Kopf zum Fenster hinausstreckte, um dir zu sagen, daß sie auch eingeschlossen sei.«
»Aber sie war tatsächlich eingeschlossen«, erinnerte Lou.
»Ich weiß. Aber da springt eben der Polizist ein.«
»Was für ein Polizist?«
»Ganz richtig – was für ein Polizist? Inspektor, dürfte ich Sie vielleicht bitten, mir zu sagen, wie und wann Sie am Tatort eingetroffen sind?«
Der Inspektor blickte ein wenig überrascht.
»Um zwölf Uhr neunundzwanzig erhielten wir einen telefonischen Anruf von Mrs. Cresswell, Haushälterin bei Miss Greenshaw, mit der Meldung, daß ihre Herrin erschossen worden sei. Sergeant Cayley und ich fuhren sofort im Wagen dorthin und kamen um zwölf Uhr fünfunddreißig beim Haus an. Wir fanden Miss Greenshaw tot auf, und die beiden Damen waren in ihren Zimmern eingeschlossen.«
»Da siehst du es also, liebes Kind«, wandte sich Miss Marple an Lou. »Der Polizist, den du sahst, war gar kein richtiger Polizist. Du hast auch gar nicht mehr an ihn gedacht. Das ist ganz natürlich; auf eine Uniform mehr oder weniger kommt es in solchen Fällen nicht an.«

»Aber wer? Warum?«
»Wer? Nun, wenn sie in Boreham on Sea jetzt gerade das Stück *A Kiss for Cinderella* geben, spielt ein Polizist die Hauptrolle. Nat Fletcher brauchte sich nur die Uniform anzueignen, die er auf der Bühne trägt. Dann konnte er sich bei der Garage nach dem Weg erkundigen und dabei die Aufmerksamkeit auf die Zeit – zwölf Uhr fünfundzwanzig – lenken, rasch weiterfahren, den Wagen an der Ecke stehen lassen, sich seine Polizistenuniform überziehen und seine ›Rolle‹ spielen.«
»Aber warum – warum?«
»Na, irgend jemand mußte doch die Tür der Haushälterin von außen schließen, und irgend jemand mußte den Pfeil Miss Greenshaw in die Brust stoßen. Man kann einen Menschen mit einem Pfeil ebensogut erstechen wie erschießen – dazu gehört aber Kraft.«
»Sie waren also beide daran beteiligt?«
»Oh, das ist anzunehmen. Mutter und Sohn, höchstwahrscheinlich.«
»Aber Miss Greenshaws Schwester ist doch schon vor langer Zeit gestorben.«
»Ja, aber Mr. Fletcher hat zweifellos wieder geheiratet. Nach den Schilderungen läßt sich das wohl annehmen. Ich halte es für durchaus möglich, daß das Kind ebenfalls starb und dieser sogenannte Neffe das Kind der zweiten Frau und somit überhaupt kein Verwandter von Miss Greenshaw ist. Die Frau bewarb sich um den Posten als Haushälterin und spionierte aus, wie die Dinge lagen. Dann schrieb der Sohn an Miss Greenshaw als ihr Neffe und schlug vor, ihr einen Besuch abzustatten – vielleicht hat er im Scherz erwähnt, daß er in seiner Polizistenuniform erscheinen würde, oder er lud sie ein, sich das Stück anzusehen. Aber ich glaube, sie hat wohl den wahren Sachverhalt erraten und sich geweigert, ihn zu sehen. Er wäre ihr Erbe gewesen, wenn sie ohne Testament gestorben wäre. Aber sobald sie natürlich ein Testament zugunsten der Haushälterin – wie sie annahmen – gemacht hatte, lag der Weg klar vor ihnen.«
»Aber warum haben sie dann einen Pfeil verwendet?« warf Joan ein. »Das erscheint mir so gesucht?«
»Durchaus nicht, liebes Kind. Alfred gehörte zu einem Bogenschützenclub – und Alfred sollte die Schuld aufgehalst werden. Daß er schon um zwölf Uhr zwanzig das Gasthaus erreicht hatte, war vom Standpunkt dieser beiden höchst unglückselig. Er ging

ja immer ein wenig vor seiner eigentlichen Zeit fort, und das wäre gerade richtig für sie gewesen.« Kopfschüttelnd fügte sie hinzu: »Es erscheint wirklich ungerecht – im moralischen Sinne, meine ich natürlich –, daß Alfreds Faulheit ihm das Leben gerettet hat.«
Der Inspektor räusperte sich.
»Nun, Madam, diese Ideen, die Sie da geäußert haben, sind ja hochinteressant. Ich werde sie natürlich nachprüfen müssen...«

Miss Marple und Raymond West standen neben dem Steingarten und blickten auf einen Gartenkorb mit welkender Vegetation hinab.
Miss Marple murmelte:
»Alyssum, Steinbrech, Geißklee, Wegerich, Glockenblumen... Ja, das beweist *mir* genug. Wer gestern morgen hier gejätet hat, verstand von Gärtnerei überhaupt nichts. Sie hat Blumen und Unkraut ohne Unterschied herausgerissen. Nun weiß ich also, daß ich recht habe. Ich danke dir, lieber Raymond, daß du mich hierhergebracht hast. Ich wollte gern alles mit eigenen Augen sehen.«
Sie und Raymond betrachteten beide das überspannte Bauwerk, das im Volksmund Greenshaws Monstrum hieß.
Hinter ihnen hustete jemand, und als sie sich umdrehten, entdeckten sie, daß ein hübscher junger Mann ebenfalls im Anblick des Hauses versunken war.
»Verteufelt großer Kasten«, meinte er. »Zu groß für heutige Verhältnisse – so sagt man wenigstens. Aber ich weiß nicht recht. Wenn ich das Große Los gewönne, würde ich mir auch ein Haus in dieser Art bauen.«
Er lächelte sie verschämt an.
»Ich glaube, ich kann es jetzt wohl sagen: Das Haus da ist von meinem Urgroßvater gebaut worden«, erklärte Alfred Pollock. »Und es ist ein schönes Haus, trotz seines Spottnamens – Greenshaws Monstrum!«

Inhalt

Der Unfall 5
Der Traum... 15
Haus Nachtigall 40
Die spanische Truhe 62
Das Geheimnis des blauen Kruges 104
Das Wespennest... 122
Greenshaws Monstrum 132

Sechs Mini-Thriller

**400 Seiten /
Paperback**

**Berühmte Action-Autoren präsentieren
temporeiche Unterhaltung.
Spannung von der ersten bis zur letzten Seite.**

Hochspannung vom Feinsten

400 Seiten / Paperback

In diesem Band unternimmt der Leser einen rasanten Streifzug durch literarische Alpträume, die grosse Autoren der Gegenwart inszeniert haben (Thomas Harris, Stephen King, Patricia Highsmith, Stanley Ellin, Raymond Chandler, Margaret Millar, u.a.).

Für unerschrockene Leser, denen literarische Alpträume wahre Lesefreuden bereiten.

Agatha Christie – Queen of Crime

Sie ist die erfolgreichste Schriftstellerin aller Zeiten, und ihre Romane sind in 103 Ländern der Welt erschienen. Laut «Guineß-Buch der Rekorde» ist Agatha Christie die Schriftstellerin mit den weltweit meistverkauften Büchern – die Filme mit Miß Marple und Hercule Poirot sind einem Millionenpublikum bestens vertraut.

Die Original-Agatha-Christie-Taschenbücher erscheinen nur im Scherz Verlag

Scherz

Wer freut sich nicht auf ein paar «gemütliche» Stunden...

400 Seiten / Paperback

Dieser Band entsorgt jeden Fernseher und bietet eine geballte Ladung Kurzweil, die vergessen läßt, was die Stunde geschlagen hat.

Sterne lügen nicht!

Linda Goodman
Astrologie-sonnenklar
Eine astrologische Charakterkunde

Was die Sterne über unsere Männer, Frauen, Liebsten, Kinder, Vorgesetzten, Angestellten und über uns selbst zum Vorschein bringen.

430 Seiten / Leinen

Was die Sterne über unsere Männer, Frauen, Liebsten, Kinder, Vorgesetzten, Angestellten und über uns selbst zum Vorschein bringen.
«Die bekannte Astrologin hat hier die Menschen mit viel Sachkenntnis, sprühendem Witz und psychologischem Fingerspitzengefühl bis in die verstecktesten Winkel ihrer Seele untersucht. Man findet sich selbst und seine Mitmenschen mit einer unglaublichen Bildhaftigkeit und äußerst präzise gespiegelt.»

Hessischer Rundfunk

Scherz